Göksel Egemenlik I

O'nun görkemiyle ışıldayan kutsal kenti, Yeruşalim'i gösterdi. Kentin ışıltısı çok değerli bir taşın, illur gibi parıldayan yeşim taşının ışıltısına benziyordu.

(Vahiy 21:11)

Göksel Egemenlik I

Kristal gibi Berrak ve Güzel

Dr. Jaerock Lee

Göksel Egemenlik I: Kristal gibi Berrak ve Güzel,
Yazar: Dr. Jaerock Lee

Urim Kitapları tarafından yayınlanmıştır (Temsilci: Kyungtae Noh)
73, Yeouidaebang-ro 22-gil, Dongjak-gu, Seoul, Korea
www.urimbooks.com

Yayınevinin yazılı izni olmadan bu yayının herhangi bir biçimde çoğaltılması, bilgisayar ortamında kullanılması, fotokopi yoluyla dağıtılması veya herhangi bir şekilde (elektronik, mekanik, kayıt) yayınlanması yasaktır.

Aksi belirtilmedikçe, tüm alıntılar Türkçe Kutsal Kitap'tan alınmıştır. Eski Antlaşma © The Bible Society in Turkey, 2001 Yeni Antlaşma © Thre Translation Trust, 1987, 1994, 2001.

Telif Hakkı © 2016 Dr. Jaerock Lee
ISBN: 979-11-263-0305-2 04230
ISBN: 979-11-263-0296-3 (set)
Çeviri Hakkı © 2009 Dr. Esther K. Chung. İzin alınmıştır.

Daha önce Kore dilinde Urim Kitapları tarafından 2002 yılında yayınlanmıştır.

İlk Baskı Mayıs 2016

Editör: Dr. Geumsun Vin
Urim Kitapları Yazı İşleri Ofisi tarafından tasarlanmıştır.
Prione Matbaacılık tarafından basılmıştır
Daha fazla bilgi için: urimbook@hotmail.com

Önsöz

Sevgi Tanrı'sı her inançlıyı sadece kurtuluş yoluna taşımakla kalmaz, ama ayrıca göklerin sırlarını da gözler önüne serer.

Hayatlarının en az bir döneminde, "Dünyada ki bu yaşamdan sonra nereye gideceğim?" ya da "Göksel egemenlik ve cehennem gerçekten var mı?" gibi sorular insanların akıllarından geçer.

Pek çok insan, bu soruların yanıtlarını bulamadan önce ölür ve hatta ölümden sonra ki yaşama inansalar dahi göklere giremezler çünkü herkesin bu konuda düzgün bir bilgisi yoktur. Gökler ve cehennem bir fantezi değildir ama ruhani hükümranlıkta her ikisi de gerçektir.

Gökler, bu dünyada ki hiç bir şeyle kıyaslanamayacak kadar güzel bir yerdir. Özellikle Tanrı'nın Tahtının olduğu Yeni Yeruşalim'de güzellik ve mutluluk layıkıyla açıklanamaz çünkü en iyi maddelerden ve göksel becerilerle inşa edilmiştir.

Cehennem ise sonu gelmeyen trajik acılar ve cezalandırmayla dopdoludur. Onun korkunç gerçeği, *Cehennem* adlı kitapta detaylıca açıklanır. Göksel Egemenlik ve cehennem, İsa ve havarileri sayesinde bize öğretilir ve hatta bu gün bile Tanrı'ya içten bir imanla bağlı olan insanların aracılığıyla detaylı bir şekilde gözler önüne serilir. Gökler, Tanrı'nın çocuklarının sonsuz yaşamın tadına vardıkları bir yerdir ve onlar için tasavvur edilemez, güzel ve olağanüstü şeyler hazırlanmıştır. Bu sebeple ancak Tanrı size müsaade ettiği ve gösterdiği zaman detaylıca bilebilirsiniz.

Gökleri öğrenebilmek için yedi yıl boyunca sürekli yakardım ve oruç tuttum ve Tanrı'dan yanıtlar almaya başladım. Şimdi ise Tanrı bana, daha derinliklerde ki ruhani hükümranlığın sırlarını göstermektedir.

Göksel egemenlik görünür olmadığından yeryüzünün bilgisi ve diliyle onu anlatmak çok zordur. Onunla ilgili yanlış anlamalar olabilir. Bu nedenle Aziz Pavlus, bir görünümde kendine gösterilen göğün üçünü katını detaylıca anlatmamıştır.

Tanrı ayrıca bana göklerle ilgili birçok sırrı da öğretmiştir ve ben birçok ay imanın ölçüsüne göre oradaki mutlu yaşam, çeşitli yerler ve ödüllerle ilgili vaazlar verdim. Ancak detaylıca öğrendiğim her şeyin vaazını veremedim.

Tanrı'nın ruhani hükümranlığın sırlarını bu kitap yoluyla ifşa etmeme izin vermesinin sebebi, olabildiğince çok canın kurtulması ve onların bir kristal gibi berrak ve güzel olan göksel egemenliğe girmesini istemesidir.

Tanrı'nın görkemiyle dolu, tıpkı bir kristal gibi berrak ve güzel olan yeri anlatan *Göksel Egemenlik I: Kristal gibi Berrak ve Güzel* adlı kitabı yayınlamama izin veren Tanrı'ya şükran ve övgülerimi sunuyorum. Göklerin sırlarını size gösteren ve sizi de oraya istediğinden tüm insanları kurtuluş yoluna taşıyan Tanrı'nın yüce sevgisini idrak etmenizi ümit ediyorum. Ayrıca Yeni Yeruşalim'de sonsuz bir hayatın hedefine doğru koşmanız için umut besliyorum.

Bu kitabın yayınlanmasında emeği geçen Yazı işleri Yöneticisi Geumsun Vin'e, çalışanlarına ve çeviri bürosuna teşekkürlerimi sunarım. Bu kitap sayesinde pek çok canın kurtulması ve Yeni Yeruşalim'de sonsuz yaşamın tadına varması için Rab'bimiz adıyla dua ediyorum.

Jaerock Lee

Giriş

Her birinizin Tanrı'nın sabırlı sevgisini anlamanız, bütünüyle ruhu elde etmeniz ve Yeni Yeruşalim'e doğru yol almanız ümidiyle.

Sayısız insanın layıkıyla ruhani hükümranlığı anlamasını ve *Cehennem* ile *Göksel Egemenlik* adlı kitapların yayınlanmasıyla içlerinde umut besleyerek göklere yönelmelerini sağlayan Tanrı'ya tüm şükran ve övgülerimi sunuyorum.

Bu kitap on bölümden meydana gelir ve net bir şekilde göklerde ki yaşam, güzellik, mekânlar imanın ölçüsüne göre alacağınız ödüller hakkında sizi bilgilendirir. Bunlar, Kutsal Ruh'un ilhamıyla Tanrı'nın Rahip Dr. Jaerock Lee'ye ifşa ettikleridir.

1. Bölüm "Göksel Egemenlik: Kristal gibi Berrak ve Güzel," ne güneşin ne de ayın ışığına ihtiyaç duyulan göklerin genel görünümüne bakar ve sonsuz mutluluğu açıklar.

2. Bölüm "Cennet Bahçesi ve Göklerin Bekleme Yeri," gökleri daha iyi anlayabilmeniz için Cennet Bahçesinin yeri, görünümü

ve yaşantısı hakkında bilgi verir. Bu bölüm ayrıca Tanrı'nın iyilik ve kötülüğün bilgisini taşıyan ağacı yerleştirmesi ve insanları ruhani olarak yetiştirmesinin gerisinde yatan takdiri ilahisi ve planını açıklar. Tüm bunların yanı sıra, Yargı Gününe kadar bekleyecek kurtulmuş insanların Bekleme Yeri, orada ki yaşantıyı ve hiç orada beklemeden doğruca Yeni Yeruşalim'e alınanların nasıl insanlar olduğunu anlatır.

3. Bölüm "Yedi-Yıllık Düğün Şöleni," İsa Mesih'in ikinci Gelişi, Yedi-yıllık büyük sıkıntı, Rab'bin yeryüzüne geri gelişi, Mutluluk Çağı (Bin Yıl) ve bunlardan sonra ki sonsuz yaşamı anlatır.

4. Bölüm "Yaratılıştan Beri Saklı olan Göklerin Sırları," İsa'nın benzetmeleriyle üzerinde ki perdenin kalktığı göklerin sırlarını kapsar ve içinde ki birçok göksel oturma yerinin nasıl elde edileceğini anlatır.

5. Bölüm "Göksel Egemenlikte Nasıl Yaşayacağız?" göksel bedenlerin uzunluğu, ağırlığı, ten rengini ve nasıl yaşayacağımızı açıklar. Göklerde ki sevinç dolu yaşantının örnekleriyle, bu bölüm bizleri büyük bir umutla ona doğru var gücümüzle ilerlememizi öğütler.

6. Bölüm "Cennet" göklerin en alt katlarında bulunan yerleri anlatır ama buna rağmen yeryüzünden çok daha güzel ve mutluluk doludur. Ayrıca ne tip insanların buraya gireceğini anlatır.

7. Bölüm "Göksel Egemenliğin Birinci Katı," İsa Mesih'i kabul edip, Söze göre yaşayanların evi olan göğün birinci katında ki hayatı ve ödülleri anlatır.

8. Bölüm "Göksel Egemenliğin İkinci Katı," sadece tamamen kutsallığı başaranların değil, ama ayrıca vazifelerini yerine getirenlerin gireceği göğün ikinci katında ki hayatı ve ödülleri anlatır. Bu bölüm ayrıca itaat etmenin ve vazifeleri yerine getirmenin önemini vurgular.

9. bölüm "Göksel Egemenliğin Üçüncü Katı," göğün ikinci katıyla mukayese bile edilemeyecek göğün üçüncü katının güzelliğini ve görkemini anlatır. Göğün üçüncü katı, kendi çabaları ve Kutsal Ruh'un yardımıyla içlerinde ki her türlü kötülüğü, hatta doğalarında ki kötülükleri bile atanların gittiği yerdir. Testlere ve sınamalara tabi tutan Tanrı'nın sevgisinden bahseder.

Son olarak 10. Bölüm "Yeni Yeruşalim," Tanrı'nın Tahtının

yer aldığı, göklerin en güzel ve en görkemli yeri olan Yeni Yeruşalim'i tanıtır. Yeni Yeruşalim'e ne tip insanların gireceğini açıklar. Bu bölüm, Yeni Yeruşalim'e girecek iki kişinin evlerini örnek vererek okuyuculara umut vererek sonlanır.

Tanrı, sevgili çocukları için bir kristal gibi berrak ve güzel gökleri yaratmıştır. Pek çok kişinin kurtulmasını arzular ve Çocuklarını Yeni Yeruşalim'de görmeyi dört gözle bekler.

Göksel Egemenlik I: Kristal Gibi Berrak ve Güzel kitabını okuyan herkesin Tanrı'nın yüce sevgisini kavramasını, Rab'bin yüreğiyle ruhu bütünüyle gerçekleştirmesini ve gayretle Yeni Yeruşalim'e doğru koşmasını ümit ediyorum.

Gymsun Vin
Yazı İşleri Kurulu Yöneticisi

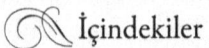 İçindekiler

Önsöz

Giriş

1. Bölüm **Göksel Egemenlik: Kristal gibi Berrak ve Güzel • 1**
1. Önceki Gökle Yeryüzü
2. Yaşam Suyu Irmağı
3. Tanrı'nın ve Kuzu'nun Tahtı

2. Bölüm **Cennet Bahçesi ve Göklerin Bekleme Yeri • 21**
1. Adem'in Yaşadığı Cennet Bahçesi
2. İnsanlar Yeryüzünde Yetiştirilir
3. Göklerin Bekleme Yeri
4. Bekleme Yerinde Kalmayan İnsanlar

3. Bölüm **Yedi-Yıllık Düğün Şöleni • 47**
1. İsa'nın Dönüşü ve Yedi-Yıllık Düğün Şöleni
2. Mutluluk Çağı (Bin Yıl)
3. Gökler Hüküm Gününden Sonra Verilir

4. Bölüm **Yaratılıştan Beri Saklı olan Göklerin Sırları • 69**
1. Göklerin Sırları İsa'nın Zamanından Beri İfşa Edilmektedir
2. Göklerin Zamanın Sonunda İfşa Edilen Sırları
3. Babamın Evinde Kalacak Çok Yer Var

5. Bölüm	**Göksel Egemenlikte Nasıl Yaşayacağız? • 97**	

   1. Göksel Egemenlikte ki Yaşam Biçimine Genel Bakış
   2. Göksel Egemenlikte Giyim
   3. Göksel Egemenlikte Yemek
   4. Göksel Egemenlikte Ulaşım
   5. Göksel Egemenlikte Eğlence
   6. Göksel Egemenlikte İbadet, Eğitim ve Kültür

6. Bölüm   **Cennet • 123**

   1. Cennette ki Güzellik ve Mutluluk
   2. Ne Tip İnsanlar Cennete Girer?

7. Bölüm   **Göksel Egemenliğin Birinci Katı • 139**

   1. Güzelliği ve Mutluluğu Cennetin Çok Üstündedir
   2. Ne Tip İnsanlar Göğün Birinci Katına Girer?

8. Bölüm   **Göksel Egemenliğin İkinci Katı • 153**

   1. Herkese Güzel Şahsi Evler Verilir
   2. Ne Tip İnsanlar Göğün İkinci Katına Girer?

9. Bölüm   **Göksel Egemenliğin Üçüncü Katı • 169**

   1. Melekler Tanrı'nın Çocuklarına Hizmet Ederler
   2. Ne Tip İnsanlar Göğün Üçüncü Katına Girer?

10. Bölüm   **Yeni Yeruşalim • 185**

   1. Yeni Yeruşalim'de İnsanlar Tanrı'yla Yüz Yüze Gelirler
   2. Ne Tip İnsanlar Yeni Yeruşalim'e Girer?

1. Bölüm

Göksel Egemenlik: Kristal gibi Berrak ve Güzel

1. Önceki Gökle Yeryüzü
2. Yaşam Suyu Irmağı
3. Tanrı'nın ve Kuzu'nun Tahtı

*Melek bana Tanrı'nın
ve Kuzu'nun tahtından çıkan
billur gibi berrak yaşam
suyu ırmağını gösterdi.
Kentin anayolunun ortasında
akan ırmağın iki yanında
on iki çeşit meyve üreten
ve her ay meyvesini veren
yaşam ağacı bulunuyordu.
Ağacın yaprakları uluslara
şifa vermek içindir.
Artık hiçbir lanet kalmayacak.
Tanrı'nın ve Kuzu'nun
tahtı kentin içinde olacak,
kulları O'na tapınacak.
O'nun yüzünü görecek,
alınlarında O'nun adını taşıyacaklar.
Artık gece olmayacak.
Çıra ışığına da güneş ışığına
da gereksinmeleri olmayacak.
Çünkü Rab Tanrı onlara ışık verecek ve
sonsuzlara dek egemenlik sürecekler.*
- Vahiy 22:1-5 -

Pek çok kişi merakla şu soruyu sorar; "Gökler de sonsuza dek mutlu bir yaşam süreceğimiz söylenir. Orası nasıl bir yerdir?" Göksel egemenliği deneyimlemiş birçok insanın söylediklerini dinlediğiniz de, onların çoğunluğunun uzun bir tünelden geçtiklerini duyarsınız. Bunun nedeni, göklerin yaşadığınız dünyadan çok farklı, ruhani bir dünya olmasıdır.

Üç-boyutlu dünyada yaşayan insanlar, gökleri detaylıca bilmezler. Üç-boyutlu dünyanın üzerinde olan bu olağanüstü dünya hakkında ancak Tanrı size anlattığında veya ruhani gözleriniz açıldığında bilebilirsiniz. Eğer bu ruhani hükümranlığı detaylıca bilirseniz sadece canınız mutlu olmakla kalmaz, ama imanınızda hızla büyür ve Tanrı tarafından sevilirsiniz. Bu sebeple İsa pek çok benzetmeyle göklerin sırlarını size anlatmış ve Vahiy Kitap'ında havari Yuhanna detaylıca açıklamıştır.

Öyleyse göksel egemenlik nasıl bir yerdir ve insanlar orada nasıl yaşarlar? Tanrı'nın sonsuza dek sevgisini çocuklarıyla paylaşmak için hazırladığı bir kristal gibi berrak ve güzel olan göksel egemenliğe kısaca göz gezdirelim.

1. Önceki Gökle Yeryüzü

Tanrı'nın ilk yarattığı gök ve yeryüzü bir kristal gibi berrak ve güzeldi, ama ilk insan Âdem'in itaatsizliği nedeniyle lanetlenmişti. Ayrıca bilim ve teknolojide hızlı ve genişlemeye elverişli gelişme yeryüzünü kirlettiğinden, son zamanlarda çok daha fazla insan doğanın korunması çağrısını yapmaktadır.

Bu sebeple zamanı geldiğinde Tanrı, yarattığı ilk gök ve yeryüzünü bir kenara koyacak ve yeni bir gök ile yeryüzünü ifşa edecektir. Yeryüzünün kirlenmiş ve bozulmuş olmasına rağmen, göklere girecek Tanrı çocuklarının yetiştirilmesi hala gereklidir.

Başlangıçta Tanrı yeryüzünü ve sonra insanı yaratmış, onun Cennet Bahçesinde yaşamasını sağlamıştı. İyilik ve kötülüğün bilgisini taşıyan ağacın meyvesini yemesi dışında, Tanrı ona azami ölçüde özgürlük ve bolluk vermişti. Ancak insan Tanrı'nın yasakladığı tek şeye itaatsizlik etmiş ve akabinde ilk gökler ve yeryüzü olan bu dünyaya atılmıştır.

Kudretli Tanrı, insan ırkının ölümün yoluna gireceğini bildiğinden, zamanın başlamasından çok önce İsa Mesih'i hazırlamış ve uygun bir vakitte ise O'nu yeryüzüne göndermiştir.

Böylece her kim çarmıha gerilip dirilen İsa Mesih'i kabul ederse dönüşecek, yeni göksek egemenlik ve yeryüzüne girecek ve sonsuz yaşamın tadına varacaktır.

Göksel Egemenliğin Bir Kristal Gibi Berrak Mavi Göğü

Tanrı'nın hazırladığı yeni göklerin göğü bu dünyanın aksine onu son derece berrak, saf ve temiz kılan hava ile doludur. Saf beyaz bulutların süslediği berrak ve yüksek bir gökyüzünü hayal edin. Ne kadar güzel ve olağanüstü bir görüntü!

Öyleyse Tanrı yeni göğü neden mavi yapacaktır? Ruhani açıdan mavi renk sizlerin derinliği, yüksekliği ve saflığı hissetmenizi sağlar. Su, ne kadar mavi görünürse o kadar saf bir görüntü verir. Mavi gökyüzüne baktıkça yüreğinizin tazelendiğini hissedersiniz. Tanrı, bu dünyanın göğünün mavi görünmesini sağlamıştır çünkü yüreğinizi temiz yaratmış ve onu size Yaratıcı'yı aramanız için vermiştir. Eğer berrak ve mavi göğe bakarak, "Beni Yaratan oralarda bir yerde olmalı. Her şeyi ne kadar da güzel yaratmış!" derseniz, yüreğiniz arınır ve iyi bir yaşam sürmeniz kaçınılmaz olur.

Ya tüm gökyüzü sarı olsaydı? Rahat hissetmek yerine, huzursuz ve şaşkın hissediyor olurduk. Ve hatta bazılarımız ruhsal sorunlar bile yaşıyor olurdu. İnsanların zihinleri renklere göre tesir altında kalır, tazelenir ya da karışır. Bu sebeple Tanrı, Çocukları bir kristal gibi berrak ve güzel yüreklerle mutluluk içinde yaşasınlar diye yeni göğün rengini mavi yapmış ve göğe beyaz, saf bulutları yerleştirmiştir.

Göklerde ki Yeni Yeryüzü Altın ve Değerli Taşlardan Yapılmıştır

Öyleyse göklerde ki yeni dünya nasıl bir yer olacaktır? Tanrı'nın bir kristal gibi berrak ve güzel yarattığı göklerde ki yeni dünyada ne toprak, ne de toz olacaktır. Yeni yeryüzü sadece saf altın ve değerli taşlardan meydana gelmiştir. Saf altın ve değerli taşlardan yapılmış parlak caddelerin yer aldığı gökler nasılda büyüleyicidir!

Bu dünya, zamanla değişime uğrayan topraktan yapılmıştır. Bu değişim sizlerin anlamsızlık ve ölüm hakkında bilgilenmenizi sağlar. Tanrı, yeryüzünde ki yaşamın bir sonu olduğunu idrak etmeniz için toprakta her türlü bitkinin yetişmesine, meyve vermesine ve bozularak ölmesine izin vermiştir.

Gökler, gerçek ve sonsuz dünya olduğundan, değişmeyecek olan saf altın ve değerli taşlardan yapılmıştır. Ayrıca bu dünya da nasıl bitkiler yeşeriyorsa göklerde de ekildiklerinde yeşereceklerdir. Ancak onlar yeryüzündekiler gibi asla ölmeyecek ve yok olmayacaklardır.

Daha da ötesi orada ki tepeler ve şatolar bile saf altın ve değerli taşlardan yapılmıştır. Nasılda ışıl ışıl ve güzel olmalılar! Hiç bir kelimeyle dile getirilemeyecek göklerde ki güzellik ve mutluluğu kaçırmamak için gerçek bir iman sahibi olmalısınız.

Önceki Gökle Yeryüzünün Ortadan Kalkması

Bu güzel yeni gök ve yeryüzü ortaya çıktığında, ilk göğe ve yeryüzüne ne olacaktır?

"Sonra büyük, beyaz bir taht ve tahtta oturanı gördüm. Yerle gök önünden kaçtılar, yok olup gittiler" (Vahiy 20:11).

"Bundan sonra yeni bir gökle yeni bir yeryüzü gördüm. Çünkü önceki gökle yeryüzü ortadan kalkmıştı. Deniz de yoktu artık" (Vahiy 21:1).

Yeryüzünde yetiştirilen insanoğlu yaptıkları iyilik ve kötülüğe göre yargılandıkları zaman, önceki gök ile yeryüzü ortadan kalkacaktır. Bu, tamamen yok olacakları anlamına gelmez ama bunun yerine farklı bir yere yerleştirileceklerdir.

Öyleyse Tanrı, önceki gök ve yeryüzünden tamamen kurtulmak yerine neden yerlerini değiştirecektir? Çünkü tamamen ortadan kaldırdığı takdirde göklerde yaşayan Çocukları önceki göğü ve yeryüzünü özleyeceklerdir. Her ne kadar önceki gök ve yeryüzünde acı ve zorluklar çekmiş olsalar da, arada sırada özlem duyacaklardır çünkü ne de olsa bir zamanlar onların eviydi. Bunu bilen sevgi Tanrı'sı böylelikle önceki göğü ve yeryüzünü evrende ki başka bir yere taşıyacak ve tamamen yok etmeyecektir.

İçinde yaşadığınız evren, sonu olmayan bir dünyadır ve daha birçok başka evren vardır. Dolayısıyla, Tanrı önceki göğü ve yeryüzünü evrenlerden bir tanesinin bir köşesine taşıyacak ve Çocuklarının arzu ettikleri zaman ziyaret etmelerine izin verecektir.

Gözyaşı, Acı, Ölüm veya Hastalık Yoktur

Tanrı'nın imanla kurtulan çocuklarının yaşayacağı yeni gök ve yeryüzünün üzerine tekrar lanet düşmeyecek ve mutlulukla dopdolu olacaktır. Vahiy 21:3-4 ayetlerinde, Tanrı'nın kendisinin de göklerde olmasından dolayı gözyaşı, acı, ölüm, matem veya hastalık olmayacağını görürsünüz.

> *"Tahttan yükselen gür bir sesin şöyle dediğini işittim: 'İşte, Tanrı'nın konutu insanların arasındadır. Tanrı onların arasında yaşayacak. Onlar O'nun halkı olacaklar, Tanrı'nın kendisi de onların arasında bulunacak.'"*

Açlık çekiyor olmanız ve hatta çocuklarınızın açlık çekmesi ve yiyecek için ağlıyor olmaları ne kadar üzüntü verici bir şeydir? Yanınıza birinin gelip, "Aç olduğun için gözyaşı döküyorsun." diyerek gözyaşlarınızı silmesi, ama size hiç bir şey vermemesinin anlamı nedir? Öyleyse burada ki gerçek yardım nedir? Size ve çocuklarınıza açlığınızı dindiren yiyecek bir şeyler vermesidir. Ancak bundan sonra sizin ve çocuklarınızın gözyaşları dinebilir.

Aynı şekilde, Tanrı'nın gözyaşlarınızı silmesi demek, kurtulup göklere nail olduğunuz takdirde artık hiç bir endişe veya kuruntunun olmayacağı, çünkü göklerde gözyaşı, acı, ölüm ve hastalıkların olmadığı demektir.

İster Tanrı'ya inanın, ister inanmayın, yeryüzünde bir şekilde acıyı tadarsınız. Dünyevi insanlar öylesine çok üzüntü içindedirler ki, en ufak bir kaybediş karşısında acı çekerler. Ancak inananlar, henüz kurtulmamış olanlar için sevgi ve merhametle kederlenirler.

Bir kere göklere girdikten sonra, ölüm, diğer insanların günah işlemeleri veya sonsuz ölüme düşmelerinden dolayı endişe duymak zorunda kalmazsınız. Hiç bir günahtan dolayı eziyet çekmeyeceğinizden, acıda çekmezsiniz.

Bu dünya da üzüntüyle dolduğunuzda ağlayıp sızlanırsınız. Göklerde ise böyle bir durum söz konusu değildir, çünkü orada hiç bir hastalık ve endişe yoktur. Orada sadece sonsuz mutluluk vardır.

2. Yaşam Suyu Irmağı

Göklerde kristal gibi berrak yaşam suyu, anayolun ortasında akar. Vahiy 22:1-2 ayetleri, yaşam suyu ırmağını açıklar ve sadece bunu hayal etmek bile sizi mutlu etmeli.

"Melek bana Tanrı'nın ve Kuzu'nun tahtından

çıkan billur gibi berrak yaşam suyu ırmağını gösterdi. Kentin anayolunun ortasında akan ırmağın iki yanında on iki çeşit meyve üreten ve her ay meyvesini veren yaşam ağacı bulunuyordu. Ağacın yaprakları uluslara şifa vermek içindir."

Bir keresinde Pasifik Okyanusunun berrak sularında yüzmüştüm ve su o kadar berraktı ki suyun altında ki bitki ve balıkları görebiliyordum. Öylesine güzeldi ki, suyun içinde olmaktan çok mutluydum. Berrak suya baktığınızda, bu dünya da bile yüreğinizin tazelendiğini ve arındığını hissedebilirsiniz. Anayolun ortasında, bir kristal gibi berrak akan yaşam suyu ırmağının olduğu göklerde kim bilir mutluluğun büyüklüğü nasıldır?

Yaşam Suyu Irmağı

Bu dünya da bile temiz denize baktığınızda dalgalar güneş ışığını yansıtır ve güzel bir şekilde parlar. Göklerde ki yaşam suyu ırmağı uzaktan mavi gibi görünür ama eğer ona biraz daha yakından bakacak olursanız, onun ne kadar berrak, güzel, lekesiz ve saf olduğunu görür ve "bir kristal gibi berrak" diye nitelendirirsiniz.

Peki, öyleyse niçin yaşam suyu ırmağı Tanrı'nın ve Kuzu'nun tahtından akar? Ruhani açıdan su, yaşamın gıdası olan Tanrı sözüdür ve Tanrı'nın sözüyle sonsuz yaşamı hak edersiniz. Yuhanna 4:14'de İsa şöyle der, *"Oysa benim vereceğim sudan içen sonsuza dek susamaz. Benim vereceğim su, içende sonsuz yaşam için fışkıran bir pınar olacak."* Tanrı Sözü, size yaşam veren sonsuz hayatın suyudur ve bu nedenle yaşam suyunun ırmağı Tanrı'nın ve Kuzu'nun tahtından akar.

Öyleyse Yaşam Suyu'nun tadı nasıl olacaktır? Tadı, bu dünya da asla tadamayacağınız kadar tatlıdır ve bir kere içtikten sonra enerjiyle dolarsınız. Tanrı, insanoğluna Yaşam suyunu vermiştir ama Adem'in itaatsizliğinden sonra yeryüzünde ki su da tıpkı diğer şeyler gibi lanetlenmiştir. O zamandan beri de insanlar, bu dünya da Yaşam suyunun tadını tadamaz olmuşlardır. Ancak göklere girdiğiniz takdirde onu tadabilirsiniz. Yeryüzünde ki insanlar kirlenmiş su içerler ve su yerine meşrubat tarzı içecekleri ararlar. Aynı şekilde bu dünyada ki su, sonsuz yaşam sunmaz ama göklerde ki Yaşam suyu, yani Tanrı Sözü, sonsuz yaşam verir. Baldan ve bal peteğinden damlayanlardan çok daha tatlıdır ve ruhunuza kuvvet verir.

Irmak Göğün Her Katında Akar

Tanrı'nın ve Kuzu'nun Tahtından akan Yaşam Suyu Irmağı, tıpkı vücudunuzda dolaşarak hayat veren kan gibidir. Anayolun tam ortasından göğün tüm katlarına akarak tekrar Tanrı'nın Tahtına geri gelir. Öyleyse niçin anayolun ortasından akan Yaşam Suyu Irmağı göğün tüm katlarını dolaşır?

Her şeyden önce Yaşam Suyu, Tanrı'nın Tahtına gitmenin en kolay yoludur. Bu sebeple, Tanrı'nın Tahtının yer aldığı Yeni Yeruşalim'e gitmek için ırmağın iki yanında saf altından yapılmış anayolu izlemelisiniz.

İkinci olarak, Tanrı Sözü göklere götüren yoldur ve göklere ancak bu yolu izleyerek girebilirsiniz. Tıpkı İsa'nın Yuhanna 14:6'da, *"Yol, gerçek ve yaşam Ben'im; Benim aracılığım olmadan Baba'ya kimse gelemez."* dediği gibi, gerçeğin ta kendisi olan Tanrı sözünde göklere götüren yol vardır. Tanrı Sözüne göre davranışlar sergilersiniz, Yaşam Suyu ırmağının, yani Tanrı Sözünün aktığı göklere girebilirsiniz.

Tanrı, gökleri öylesine inşa etmiştir ki sadece Yaşam Suyu ırmağını izleyerek Tanrı'nın Tahtının olduğu Yeni Yeruşalim'e varabilirsiniz.

Irmak Boyunca Altuni ve Gümüşi Kumlar

Yaşam suyu ırmağının kenarlarında neler vardır? Öncelikle geniş ve uzayıp giden altın ve gümüşi kumları fark edersiniz. Üzerinde sıçrasanız dahi, göklerde ki kumlar giysilere yapışmaz çünkü yuvarlak ve çok yumuşaktır.

Ayrıca altın ve değerli taşlarla süslenmiş pek çok banklar vardır. Değerli arkadaşlarınızla keyifli sohbet yapmak için bu banklara oturduğunuz da güzel melekler size hizmet eder.

Bu dünya da meleklere hayranlık duyarsınız ama göklerde melekler sizi "efendi" diye çağırır ve dilediğiniz gibi size hizmet ederler. Canınız meyve istediğinde, melekler size değerli taş veya çiçeklerle süslü sepetler içinde meyveler getirir ve anında size sunarlar.

Tüm bunların yanı sıra, Yaşam Suyu Irmağının iki yanında çeşitli renklerde çiçekler, kuşlar, böcek ve hayvanlar vardır. Onlarda ayrıca size efendileri olarak hizmet ederler ve sizlerde onlarla sevginizi paylaşabilirsiniz. Yaşam Suyu Irmağı ile gökler ne kadar da harikulade ve güzeldir!

Irmağın Her İki Yanında ki Yaşam Ağacı

Vahiy 22:1-2, Yaşam Suyu Irmağının her iki yanında ki yaşam ağacını detaylıca anlatır.

"Melek bana Tanrı'nın ve Kuzu'nun tahtından çıkan billur gibi berrak yaşam suyu ırmağını gösterdi. Kentin anayolunun ortasında akan ırmağın iki yanında on iki çeşit meyve üreten ve her ay meyvesini veren yaşam ağacı bulunuyordu. Ağacın yaprakları uluslara şifa vermek içindir."

Peki, öyleyse Tanrı niçin ırmağın iki yanında on iki çeşit meyve üreten yaşam ağacını yerleştirdi?

Her şeyden önce Tanrı, göklere giren tüm Çocuklarının göklerde ki güzelliği ve yaşamı hissetmesini istemiştir. Ayrıca ter dökerek yemeklerini nasıl çıkardılarsa, Tanrı'nın Sözüne göre davranışlar sergiledikleri zaman Kutsal Ruh'un meyvesini vereceklerini hatırlatmayı istedi.

Burada bir şeyi çok iyi kavramalısınız. On iki meyve üretmek demek, bir ağacın on iki meyve üretmesi demek değildir. Ama farklı on iki adet yaşam ağacından her birinin bir meyve üretmesi demektir. Kutsal Kitap'ta İsrail'in on iki kabilesinin Yakup'un on iki oğlundan meydana geldiğini, bu kabileler sayesinde İsrail ulusunun kurulduğunu ve Hristiyanlığı kabul eden ulusların tüm dünya da yükseldiğini görürsünüz. İsa bile kendine on iki havari seçmiş, müjde tüm uluslara bu havariler ve onların talebeleri tarafından duyurulmuş ve yayılmıştır.

Bu nedenle yaşam ağacının on iki meyvesi, hangi ulustan

olursa olsun, iman yolunu izleyip Kutsal Ruh'un meyvesini veren ve göklere giren herkesi sembolize eder.

Eğer yaşam ağacının güzel ve renkli meyvesinden yerseniz, kendinizi tazelenmiş ve çok daha mutlu hissedeceksiniz. Ayrıca onu dalından kopardığınız anda bir yenisi anında kopardığınızın yerini alacak ve asla tükenmeyecektir. Yaşam ağacının yaprakları koyu yeşil ve parlaktır ve sonsuza dek bu şekilde kalır, çünkü onlar ne yere dökülebilen, ne de yiyilebilen şeylerdir. Bu koyu yeşil ve parlak yapraklar, bizim dünyamızda ki ağaçların yapraklarından çok daha büyüktür ve düzenli bir şekilde büyürler.

3. Tanrı'nın ve Kuzu'nun Tahtı

Vahiy 22:3-5 ayetleri, Tanrı'nın ve Kuzu'nun göklerin ortasında ki tahtını anlatır.

> *"Artık hiçbir lanet kalmayacak. Tanrı'nın ve Kuzu'nun tahtı kentin içinde olacak, kulları O'na tapınacak. O'nun yüzünü görecek, alınlarında O'nun adını taşıyacaklar. Artık gece olmayacak. Çıra ışığına da güneş ışığına da gereksinmeleri olmayacak. Çünkü Rab Tanrı onlara ışık verecek ve sonsuzlara dek egemenlik sürecekler."*

Taht Göklerin Ortasındadır

Gökler, Tanrı'nın sevgi ve doğrulukla yönettiği ebedi bir yerdir. Göklerin ortasında yer alan Yeni Yeruşalim'de Tanrı'nın ve

Kuzu'nun Tahtı vardır. Kuzu, İsa Mesih'tir (Mısır'dan Çıkış 12:5; Yuhanna 1:29; 1. Petrus 1:19).

Tanrı'nın çoğunlukla ikamet ettiği yere herkes giremez çünkü orası Yeni Yeruşalim'den farklı bir boyutta yer alır. Tanrı'nın bu yerde ki tahtı, Yeni Yeruşalim'dekinden çok daha güzel ve parlaktır.

Tanrı'nın Yeni Yeruşalim'de ki Tahtı, Çocukları tapındıkları ya da ziyafet düzenledikleri zaman geldiği yerdir. Vahiy 4:2-3 ayetleri, Tahtında oturan Tanrı'yı anlatır.

"O anda Ruh'un etkisinde kalarak gökte bir taht ve tahta oturan birini gördüm. Tahtta oturanın, yeşim ve kırmızı akik taşına benzer bir görünüşü vardı. Zümrüdü andıran bir gökkuşağı tahtı çevreliyordu."

Tahtın çevresinde beyazlara bürünmüş, başlarında altından taçlar olan yirmi dört ihtiyar vardır. Tahtın hemen önünde Tanrı'nın yedi ruhu ve bir kristal gibi berrak camdan deniz vardır. Tahtın ortasında ve çevresinde dört yaratıkla melekler vardır.

Tüm bunların yanında Tanrı'nın tahtı ışıklarla bezenmiştir. Öylesine güzel, büyüleyici, görkemli, kıymetli ve büyüktür ki insanoğlunun kavrama kapasitesinin ötesindedir. Ayrıca Tanrı'nın Tahtının sağ tarafında Rab'bimiz İsa'nın, yani Kuzu'nun Tahtı vardır. Elbette ki O'nun Tahtı, Tanrı'nın Taht'ından farklıdır ancak Baba, Oğul ve Kutsal Ruh olan Üçlü Birlik, aynı yüreğe, özelliklere ve güce sahiptir.

Tanrı'nın tahtıyla ilgili daha detaylı bilgi *Göksel Egemenlik II: Tanrı'nın Görkemiyle Dolu* adlı kitapta açıklanır.

Ne Gece Ne de Gündüz

Tanrı, tüm gökleri ve evreni, görkemin kutsal ve güzeller güzeli ışığıyla parlayan Tahtından sevgi ve adaletle yönetir. Tahtı, göklerin tam ortasındadır ve onun hemen yanında Kuzu'nun tahtı vardır ve o da görkemin ışığıyla parıldar. Bu nedenle göklerin ne güneşe, ne aya, ne de başka bir ışık ya da elektriğe gereksinimi vardır. Göklerde gece ya da gündüz yoktur.

İbraniler 12:14, sizi şuna teşvik eder, *"Herkesle barış içinde yaşamaya, kutsal olmaya gayret edin. Kutsallığa sahip olmadan kimse Rab'bi göremeyecek."* İsa, Matta 5:8'de size şu sözü verir, *"Ne mutlu yüreği temiz olanlara! Çünkü onlar Tanrı'yı görecekler."*

Bu sebeple yüreklerinden her türlü kötülüğü söküp atabilen ve Tanrı sözü'ne tamamen itaat edenler, Tanrı'nın yüzünü görebilirler. İnananlar, Rablerini yansıttıkları ölçüde bu dünya da kutsanırlar ve göklerde de Tanrı'nın Tahtına yakın yaşayacaklardır.

İnsanlar, Tanrı'nın yüzünü görebildiklerinde, O'na hizmet edip sevgilerini sonsuza dek O'nunla paylaştıklarında nasıl da mutlu olacaklardır! Ancak, parlaklığı nedeniyle güneşe nasıl doğrudan bakamıyorlarsa Rab'lerinin yüreklerini yansıtmayanlarda Tanrı'yı yakından göremeyeceklerdir.

Göklerde Sonsuza Kadar Gerçek Mutluluğun Tadına Varma

Göklerde yaptığınız her şeyden gerçek bir mutluluk duyarsınız çünkü bu, Tanrı'nın çocuklarına taşan sevgisiyle hazırladığı en iyi armağandır. İbraniler 1:14'de dendiği gibi, Tanrı'nın çocuklarına melekler hizmet edecektir, *"Bütün melekler kurtuluşu miras alacaklara hizmet etmek için gönderilen görevli ruhlar değil midir?"* Ancak tıpkı insanların imanlarının farklı ölçüleri olduğu gibi, hizmet veren meleklerin sayısı, insanların Tanrı'yı yansıtabildikleri ölçüye göre çeşitlilik gösterecektir.

Onlara, prensler ve prensesler gibi muamele gösterilecektir çünkü melekler, hizmet etmekle yükümlü oldukları efendilerinin akıllarından geçenleri okur ve isteklerini yerini getirirler. Bunların yanı sıra, hayvanlar ve bitkiler de Tanrı'nın çocuklarını sevecek ve onlara hizmet edeceklerdir. Göklerde ki hayvanlar, Tanrı'nın çocuklarına koşulsuz itaat edecek ve bazen onları memnun edebilmek için göze hoş gelen şeyler yapacaklardır, çünkü onların içlerinde de hiç bir kötülük yoktur.

Peki ya göklerde ki bitkiler nasıldır? Her bir bitkinin kendine has bir güzelliği ve kokusu vardır ve Tanrı'nın çocukları onlara ne zaman yaklaşsa bu güzel kokuyu salarlar. Çiçekler, Tanrı'nın çocukları için en güzel kokuyu salarlar ve hatta bu koku çok uzak yerlere bile yayılır. Ayrıca kokuda tükenip yitmez ve salınır salınmaz yeniden ürerler.

Ayrıca on iki çeşit yaşam ağacının meyvelerinin de kendilerine has tatları vardır. Çiçekleri kokladığınızda ya da yaşam ağacının meyvesinden yediğinizde, kendinizi öylesine tazelenmiş ve mutlu hissedeceksiniz ki bu dünya da ki hiç bir şeyle kıyas bile edilemez.

İlaveten, göklerde ki çiçekler, yeryüzünde ki bitkilerin aksine Tanrı'nın çocukları kendilerine yaklaştıklarında gülümseyeceklerdir. Efendileri için dans ve hatta muhabbet bile edebileceklerdir.

Çiçekler, koparılsalar bile, ne incinir, ne de boyunlarını

bükerler, ama Tanrı'nın gücüyle eski hallerine dönerler. Koparılan çiçek havada eriyerek yok olur. İnsanlar tarafından yenen meyvelerde güzel kokular olarak havada erir ve nefes alma yoluyla yok olurlar.

Göklerde dört mevsim vardır ve insanlar, mevsim değişikliklerinin tadına varabilirler. Bahar, yaz, sonbahar ve kış olmak üzere, her mevsimin kendine has özelliklerinin tadına vararak Tanrı'nın sevgisini hissederler. Biri şu soruyu sorabilir; "Göklerde de yazın sıcağının ve kışında soğuğunun eziyetini çekecek miyiz?" Ancak göklerde ki mevsimler, Tanrı'nın çocukları için en mükemmel koşulları oluşturduğundan, ne yazın sıcağından, ne kışın soğuğundan eziyet çekmek söz konusu değildir. Göksel bedenler soğuk ve sıcak ortamlarda sıcağı ve soğuğu hissetmeyecek olsalar dahi, serin ve ılık havayı hala hissedebilirler. Bu sebeple, göklerde hiç kimse ne sıcak, ne de soğuktan eziyet çekmezler.

Sonbaharda Tanrı'nın çocukları yaprak dökümünün keyfine varır ve kışında beyaz karları görebilirler. Yeryüzündekilerden çok daha mükemmel olan güzelliğin tadını çıkarırlar. Tanrı'nın göklerde dört mevsimi yaratmasının sebebi, Çocuklarının keyfini sürmeyi arzuladıkları her şeyin göklerde hazır olduğunu bilmelerini sağlamaktır. Ayrıca Tanrı'nın gerçek çocukları olana dek yetiştirildikleri yeryüzünü özlediklerinde, onları özlemlerini dindirmek isteyen Tanrı'nın sevgisinin de bir göstergesidir.

Gökler, bu dünyayla kıyaslanamayacak dördüncü boyutta ki dünyaya aittir. Tanrı'nın sevgi ve gücüyle dopdoludur ve insanların hayal bile edemeyeceği sonsuz olay ve aktiviteler vardır. Beşinci bölümde, göklerde ki inananların sonsuz ve mutlu yaşantıları hakkında çok daha fazla şey öğreneceksiniz.

Sadece Kuzu'nun yaşam kitabına adları yazılanlar göklere girebilir. Vahiy 21:6-8 ayetlerinde de yazıldığı gibi, sadece Yaşam Suyunu içebilenler ve Tanrı'nın çocukları olabilenler Tanrı'nın egemenliğini miras alabileceklerdir.

> *"Bana, 'Tamam!' dedi, 'Alfa ve Omega, başlangıç ve son Ben'im. Susayana yaşam suyunun pınarından karşılıksız su vereceğim. Galip gelen bunları miras alacak. Ben onun Tanrısı olacağım, o da bana oğul olacak. Ama korkak, imansız, iğrenç, adam öldüren, fuhuş yapan, büyücü, putperest ve bütün yalancılara gelince, onların yeri, kükürtle yanan ateş gölüdür. İkinci ölüm budur.'"*

Tanrı'ya saygı göstermek, buyruklarını yerine getirmek, her insanın görevidir (Vaiz 12:13). Bu sebeple, eğer Tanrı'ya saygı göstermez, sözünü izlemez ve günah işlediğinizi bile bile buna devam ederseniz, göklere giremezsiniz. Sağduyunun çok ötesinde olan kötü insanlar, katiller, zina işleyenler, büyücüler ve putperestler göklere giremezler. Tanrı'yı yok saymışlar, cinlere tapınmışlar ve düşman olan şeytan ile iblisin peşi sıra yabancı ilahlara inanmışlardır.

Ayrıca Tanrı'ya yalan söyleyen, O'na ihanet eden ve Kutsal Ruh'a küfür edip konuşanlarda göklere asla giremeyeceklerdir. Cehennem adlı kitabımda açıkladığım gibi, bu insanlar cehennem de sonsuz cezanın cefasını çekeceklerdir.

Bu sebeple, sadece İsa Mesih'i kabul edip, Tanrı'nın bir çocuğu olma hakkını elde etmenizi değil ama ayrıca Tanrı sözünü izleyerek bir kristal gibi berrak ve güzel göklerde sonsuz mutluluğun tadına varmanız için dua ediyorum.

2. Bölüm

Cennet Bahçesi ve Göklerin Bekleme Yeri

1. Adem'in Yaşadığı Cennet Bahçesi

2. İnsanlar Yeryüzünde Yetiştirilir

3. Göklerin Bekleme Yeri

4. Bekleme Yerinde Kalmayan İnsanlar

*RAB Tanrı doğuda,
Aden'de bir bahçe dikti.
Yarattığı Adem'i oraya koydu.
Bahçede iyi meyve veren türlü
türlü güzel ağaç yetiştirdi.
Bahçenin ortasında yaşam ağacıyla
iyiyle kötüyü bilme
ağacı vardı.*

- Yaratılış 2:8-9 -

Tanrı'nın yarattığı ilk insan Adem, Tanrı ile iletişim kurabilen yaşayan bir ruh olarak Cennet Bahçesinde yaşadı. Ancak uzun bir süre sonra Adem, Tanrı'nın yasakladığı iyilik ve kötülüğün bilgisini taşıyan ağacın meyvesini yiyerek itaatsizlik günahını işledi. Bunun bir sonucu olarak insanın efendisi olan ruhu öldü ve Cennet Bahçesinden kovularak yeryüzünde yaşamak zorunda kaldı. Adem ile Havva'nın ruhları öldüğü için, Tanrı ile olan iletişimleri de koptu. Bu lanetlenmiş topraklarda yaşarken, nasıl da çok Cennet Bahçesini özlemiş olmalılar?

Her şeyi bilen Tanrı, Adem'in itaatsizlik edeceğini önceden biliyordu ve bu yüzden İsa Mesih'i hazırladı ve zamanı geldiğinde kurtuluş yolunu açtı. İman ile kurtulan herkes, Cennet Bahçesi ile bile kıyaslanmayacak gökleri miras alacaktır.

İsa dirildikten ve göklere alındıktan sonra kurtulanların yargı gününe kadar kalacakları bekleme ve oturma yerleri hazırladı. Gökleri daha iyi anlayabilmek için Cennet Bahçesine ve göklerde ki bekleme yerlerine göz gezdirelim.

1. Âdem'in Yaşadığı Cennet Bahçesi

Yaratılış 2:8-9, Cennet Bahçesini açıklar. Burası Tanrı'nın, ilk kadın ve erkek olan Adem ile Havva'nın yaşamaları için yarattığı yerdir.

> *"RAB Tanrı doğuda, Aden'de bir bahçe dikti. Yarattığı Adem'i oraya koydu. Bahçede iyi meyve*

veren türlü türlü güzel ağaç yetiştirdi. Bahçenin ortasında yaşam ağacıyla iyiyle kötüyü bilme ağacı vardı."

Cennet Bahçesi, yaşayan bir ruh olan Âdem'in yaşadığı bir yerdi. Dolayısıyla, bulunduğu yer ruhani dünya da bir yer olmalıydı. Öyleyse, ilk insan Adem'in evi olan Cennet Bahçesi bugün gerçekten nerededir?

Cennet Bahçesinin Yeri

Tanrı, Kutsal Kitap'ın pek çok yerinde "gökler" ibaresini kullanarak, çıplak gözlerimizle gördüğümüz gökyüzünün çok ötesinde ki ruhani dünyada birçok alan olduğunu bilmemizi istemiştir. "Gökler" ibaresini, ruhani dünyaya ait olan alanları anlamanız için kullanmıştır.

"Gökler de, göklerin gökleri de, yeryüzü ve içindeki her şey Tanrınız RAB'bindir" (Yasa'nın Tekrarı 10:14).

"Gücüyle yeryüzünü yaratan, Bilgeliğiyle dünyayı kuran, Aklıyla gökleri yayan RAB'dir" (Yeremya 10:12).

"Ey göklerin gökleri Ve göklerin üstündeki sular, O'na övgüler sunun!" (Mezmurlar 148:4)

Bu sebeple, "gökler" ibaresinden kasttın sadece gözlerinize görünen gökyüzü olmadığını anlamalısınız. Güneşin, ayın ve yıldızların olduğu yer göğün birinci katıdır ve göğün, ruhani dünyaya ait ikinci ve üçüncü katları da vardır. 2. Korintliler 12'de Aziz Pavlus göğün üçüncü katından söz eder. Cennetten Yeni Yeruşalim'e kadar olan tüm gök, bu üçüncü kattır.

Aziz Pavlus, kıt imanları olanların yaşadığı ve Tanrı'nın tahtından çok uzakta olan cennette bulunmuştur. Aziz Pavlus orada göklerin sırlarını duymuştur. Ama "insanın söylemesi yasak olan sözler" olduğunu da dile getirmiştir.

Öyleyse göğün ikinci katı nasıl bir ruhani dünyadır? Burası göğün üçüncü katından farklıdır ve Cennet Bahçesi buradadır. Pek çok insan Cennet Bahçesinin bu dünyada olduğunu düşünmüştür. Yine pek çok Kutsal Kitap akademisyenleri ve araştırmacıları, Mezopotamya, Orta Doğu'nun yukarı Fırat ve Dicle nehirlerinde arkeolojik araştırma ve çalışmalara devam etmiştir. Ancak bu güne kadar hiç bir bulguya rastlayamamışlardır. İnsanların Cennet Bahçesini bu dünya da bulamamalarının sebebi, onun ruhani dünya da, yani göğün ikinci katında olmasıdır.

Göğün ikinci katı ayrıca Lusifer'in isyanından sonra göğün üçüncü katından kovulan kötü ruhların yeridir. Yaratılış 3:24 şöyle der, *"Onu kovdu. Yaşam ağacının yolunu denetlemek için de Aden bahçesinin doğusuna Keruvlar ve her yana dönen alevli bir kılıç yerleştirdi."* Tanrı bunu, Cennet Bahçesine girerek ve yaşam ağacından yiyerek sonsuz yaşamı elde etmelerini önlemek için yaptı.

Cennet Bahçesine Açılan Kapılar

Şimdi göğün ikinci katının hemen birinci katının üzerinde

ve üçüncü katının da ikinci katının üzerinde olduğunu anlamamalısınız. Dört boyutlu ve üzerinde olan bir dünyanın mekânını, üç boyutlu bir dünyanın anlayışıyla anlayamazsınız. Öyleyse bu birçok gök nasıl yapılanmıştır? Görmekte olduğunuz bu üç boyutlu dünya ve ruhani gökler, birbirlerinden ayrı görünür ama aynı zamanda birbirlerinin de üzerinde ve birbirleriyle bağlantılıdır. Üç boyutlu dünya ile ruhani dünyayı birbirine bağlayan kapılar vardır.

Onları görmemenize rağmen bu kapılar göğün birinci katıyla göğün ikinci katında olan Cennet bahçesini birbirine bağlar. Ayrıca göğün üçüncü katına götüren kapılarda vardır. Bu kapılar çok yüksekte değildir, ama bir uçaktan baktığınızda gördüğünüz bulutların yüksekliği kadardır.

Kutsal Kitap'ta göklere açılan kapılar olduğunu keşfedersiniz (Yaratılış 7:11; 2. Krallar 2:11; Luka 9:28-36; Elçilerin İşleri 1:9; 7:56). Dolayısıyla göklerin kapısı açıldığında, ruhani dünyada ki farklı göklere doğru çıkmak mümkündür ve imanla kurtulanlar göğün üçüncü katına gidebilirler.

Hades ve cehennem içinde aynı şey geçerlidir. Bu yerlerde ruhani dünyaya aittir ve oralara açılan kapılarda mevcuttur. Dolayısıyla imanları olmadan ölen insanlar, cehenneme ait olan Hades'e ya da doğrudan bu kapıları geçerek cehenneme gideceklerdir.

Ruhsal ve Fiziksel Boyutlar Bir Arada Mevcutturlar

Göğün ikinci katına ait olan Cennet Bahçesi, ruhani dünyadadır, ama göğün üçüncü katında ki ruhani dünyadan farklıdır. Tamamen ruhani bir dünya olmaktan ötedir çünkü fiziksel dünya ile bir arada mevcuttur.

Diğer bir deyişle, Cennet Bahçesi ruhani dünya ile fiziksel dünya arasında ki bir orta yerdedir. İlk insan olan Adem yaşayan bir ruhtu ama topraktan meydana gelmiş bir bedeni de vardı. Bu sebeple, Adem ile Havva orada bulundukları zaman sayıca artmış ve tıpkı bizler gibi çocuklar dünyaya getirmişlerdir (Yaratılış 3:16).

İlk insan olan Adem, iyilikle kötülüğün bilgisini taşıyan ağaçtan yedikten ve bu dünyada yaşamak için Cennet Bahçesinden kovulduktan sonra bile, Cennet Bahçesinde kalan çocukları hala bu gün bile orada kalmaya devam etmekte ve ölümü yaşamamaktadırlar. Cennet Bahçesi ölümün olmadığı huzurlu bir yerdir. Tanrı'nın gücüyle idare edilir ve Tanrı'nın koymuş olduğu kural ve düzene göre kontrol edilir. Her ne kadar gündüz ile gece arasında bir ayrım olmasa da, Adem'in torunları ne zaman aktif olacaklarını veya ne zaman dinleneceklerini doğal olarak bilirler.

Ayrıca Cennet Bahçesi, yeryüzüyle benzer özellikler taşır. Birçok bitki, hayvan ve böcekle doludur. Aynı zaman da sonsuz dur ve güzel bir doğası vardır. Ancak yüksek dağlar yerine sadece alçak tepeler vardır. Bu tepelerde eve benzer binalar vardır, ama insanlar burada sadece dinlenirler ve yaşamazlar.

Adem ve Çocuklarının Tatil Yeri

İlk insan olan Adem, verimli olarak ve sayıca artarak Cennet Bahçesinde çok uzun bir süre yaşadı. Adem ve çocukları yaşayan ruhlar olduğundan, göğün ikinci katında ki kapılar yoluyla yeryüzüne serbestçe inebiliyorlardı.

Yeryüzünün uzun bir süre Adem ve çocuklarının ziyaret ettikleri bir tatil yeri olmasından dolayı, insanlık tarihinin çok daha uzun olduğunu anlamalısınız. İnsanoğlunun altı bin senelik yetiştirilme tarihi konusunda bazılarının kafası karışır ve Kutsal Kitap'a inanmazlar.

Eğer dikkatlice gizemli antik medeniyetleri incelerseniz, Adem ile çocuklarının yeryüzüne gelip gittiklerini kavrarsınız. Örneğin Mısır'ın piramitleri ve Büyük Gize Sfenksinin, Cennet Bahçesinde yaşayan Âdem ile çocuklarının ayak izleri olduğunu anlarsınız. Çok daha fazla seçkin ve gelişmiş bilim ve teknolojiyle dünyanın pek çok yerine inşa edilmiş bu tarz ayak izleri bulunur ve onların bu gün ki modern bilim ve bilgiyle taklit edilmeleri bile mümkün değildir.

Örneğin piramitler ancak ileri düzeyde çalışmalarla keşfedip anlayabileceğiniz olağanüstü matematiksel hesaplamaları, geometrik ve astrolojik bilgileri içinde barındırır. Takımyıldızları ve evrenin döngüsünü ancak tam anlamıyla bildiğiniz takdirde, etraflıca anlayabileceğiniz pek çok sır içerirler. Bazı insanlar bu gizemli antik medeniyetleri, uzayın derinliklerinden gelen uzaylılara yorarlar, ama Kutsal Kitap ile bilimin bile çözemediği her şeyin çözümüne erişirsiniz.

Aden Medeniyetinin Ayak İzi

Cennet Bahçesinde ki Adem, tasavvur bile edilemeyecek büyüklükte bilgi ve beceriye sahipti. Bunun nedeni Tanrı'nın Adem'e gerçek bilgiyi öğretmiş olmasaydı. Zamanla bu bilgi ve anlayış birikerek gelişti. Dolayısıyla evrenle ilgili her şeyi bilen ve yeryüzüne önünde boyun eğdiren Adem için piramitleri ve sfenksleri inşa ettirmek hiçte zor değildi. Tanrı doğrudan Adem'e öğretmiş olduğundan, ilk insan sizin şu an bile bilmediğiniz ve modern bilimle kavrayamadığınız şeyleri biliyordu.

Bazı piramitler Adem'in beceri ve bilgileriyle inşa edilmişken, diğerleri çocukları tarafından inşa edildi ve bazıları ise çok uzun zaman sonra Adem'in piramitlerini taklit eden yeryüzü insanları tarafından inşa edildi. Tüm bu piramitlerin birbirlerinden farklı teknolojik özellikleri vardır. Bunun nedeni sadece Adem'in Tanrı tarafından tüm yaratılışa önünde boyun eğdiren yetkisi olmasıydı.

Arada sırada yeryüzüne gelen Âdem, çok uzun bir süre Cennet Bahçesinde yaşadı, ama itaatsizlik günahını işleyerek oradan kovuldu. Ama Tanrı, bu olaydan sonra, bir süre daha yeryüzünü ve Cennet Bahçesini birbirine bağlayan kapıları kapamadı.

Bu nedenle, hala Cennet Bahçesinde yaşayan Adem'in çocukları özgürce yeryüzüne gelebildiler ve sıklıkla gelerek insanların kızlarıyla evlenmeye başladılar (Yaratılış 6:1-4).

Böylece Tanrı, yeryüzüyle Cennet Bahçesini birbirine bağlayan gökyüzünde ki kapıları kapadı. Seyahat her ne kadar tamamen kesilmemiş olsa da, daha önce hiç olmadığı kadar sıkı bir denetim altına girdi. Gizemli ve çözülmemiş antik medeniyetlerin çoğunluğunun, yeryüzüne özgürce gelebildikleri zamanlarda, Adem ve çocuklarının bıraktıkları ayak izleri olduğunu kavramalısınız.

Yeryüzünde ki İnsanların ve Dinozorların Tarihi

Öyleyse niçin dinozorlar yeryüzünde yaşamış, ama aniden nesilleri tükenmiştir? Aslında bu da sizlere insanlık tarihinin gerçek yaşını veren en önemli kanıtlardan biridir. Bu, ancak Kutsal Kitap ile çözümlenebilen bir sırdır.

Tanrı aslında dinozorları Cennet Bahçesine yerleştirmişti. Dinozorlar mutedil hayvanlardı ama onlarda yeryüzüne atılmıştı çünkü Adem'in yeryüzüyle Cennet Bahçesi arasında özgürce gidip geldiği sıralarda şeytanın tuzağına düşmüşlerdi. Yeryüzünde yaşamak zorunda kalan dinozorlar sürekli yiyecek bir şeyler aramak zorunda kalmışlardı. Her şeyin bolca olduğu Cennet Bahçesinde yaşadıkları zamanın aksine, yeryüzü bu koca vücutlu dinozorlar için yeterli gıda üretmekte yetersizdi. Meyve, hububat ve sonunda hayvanları yemeye başladılar. Çevreyi ve gıda zincirini yok etmek üzereydiler. Tanrı sonunda onları daha fazla yeryüzünde tutmamaya karar verdi ve yukarıdan gelen bir ateş ile onları yok etti.

Bu gün pek çok bilim adamı dinozorların çok uzun bir süre yeryüzünde yaşamış olduklarını savunur. Dinozorların yüz almış milyon yıldan daha fazla yaşadığını söylerler. Ancak bu iddiaların hiçbiri, dinozorların nasıl aniden yaşam buldukları ve yine nasıl aniden nesillerinin tükendiği hakkında doyurucu açıklamalar sunmazlar. Ayrıca böylesi büyük dinozorlar böylesi uzun bir süre içersinde evrim geçirmişlerse, hayatlarını idame ettirmek için ne yemiş olmalıydılar?

Evrim teorisine göre, çeşitli dinozorlar sahneye çıkmadan önce, çok daha alçak seviyede ki canlıların yaşamış olmaları gerekir, ama bununla ilgili ise tek bir kanıt mevcut değildir. Genel olarak herhangi bir hayvan çeşidi ya da ailesinin neslinin tükenmesi için sayılarının zamanla azalması ve sonunda da tamamen yok olması gerekir. Ancak dinozorlar aniden yok olmuşlardır.

Bilim adamları bunun nedeninin ani iklim değişikliği, virüs, başka bir yıldızın patlaması sonucu oluşan radyasyon ya da büyük bir meteorun yeryüzüne çarpması olduğunu savunurlar. Ancak böylesi bir değişim tüm dinozorları yok edecek kadar büyük bir felaket ise, diğer hayvanların ve bitkilerinde yok olmaları gerekirdi. Ancak diğer bitkiler, kuşlar ve memeliler bu gün bile hayattadırlar. Hakikat, evrim teorisini desteklemez.

Hatta hatta dinozorların sahneye çıkmasından çok önce bile Adem ile Havva, Cennet Bahçesinde yaşıyor ve arada sırada yeryüzüne geliyorlardı. Yeryüzü tarihinin çok daha uzun olduğunu anlamalısınız.

Vaazını vermiş olduğum "Yaratılış Kitap"ı üzerine Konuşmalar"dan çok daha detaylı bilgileri öğrenebilirsiniz. İler ki satırlarda Cennet bahçesinin güzel doğasını anlatacağım.

Cennet Bahçesinin Güzel Doğası

Dinç ağaçlar ve taze çiçeklerle bezenmiş kırlarda rahatça bir tarafınıza dönmüş uzanır, tüm bedeninizi yavaşça sarmalayan ışığı alır ve birbirinden farklı şekillere bürünerek akıp giden saf beyaz bulutların gezindiği mavi gökyüzünü seyredersiniz.

Bir göl, yamacın eteklerinde ışıldar ve çiçeklerin güzelim kokularıyla harmanlanmış tatlı bir esinti hızla yanınızdan geçer. Sevdiklerinizle hoşça sohbetler eder ve mutluluğu hissedersiniz. Bazense geniş çayırlarda ya da çiçek tarlalarının üzerinde uzanır ve çiçeklere dokunarak tatlı kokularını içinize çekersiniz. Veyahut büyük ve iştah kabartıcı meyveleri olan bir ağacın gölgesinde uzanır, dilediğinizce meyvelerinden yersiniz.

Göller ve denizlerde çeşit çeşit renklerde balıklar vardır. Arzu ettiğinizde yakında ki bir kumsala gidip dinçleştiren dalgaların veya güneş ışıklarıyla parıldayan beyaz kumların keyfine varırsınız. Veyahut dilerseniz, tıpkı balıklar gibi yüzersiniz. Güzel ve ışıldayan gözleriyle sevimli geyikler, tavşanlar veya sincaplar yanınıza gelerek size şirin şeyler yaparlar. Geniş çayırlarda birçok hayvan, birbirleriyle huzur içinde oynarlar.

Burası sakinliğin, huzurun ve sevincin dolu doluya yaşandığı Cennet Bahçesidir. Yeryüzünde ki insanların pek çoğu büyük bir olasılıkla işle dolu yaşamlarını terk edip, bir kez dahi olsa böylesi bir huzur ve sükûneti yaşamayı isterler.

Cennet Bahçesinde ki Refah Dolu Yaşam

Cennet Bahçesinde ki insanlar çalışmıyor olsalar bile, istedikleri kadar yiyebilir ve yaşamın keyfine varabilirler. Endişe, tasa veya kaygı yoktur ve sadece sevinç, memnuniyet ve huzurla doludur. Her şey Tanrı'nın yasa ve kurallarına göre yönetildiğinden, orada yaşayan insanlar hiç bir şey için çalışmış olmasalar da sonsuz yaşamın tadına varırlar.

Yeryüzünde ki benzer çevreye sahip olan Cennet Bahçesinde, yeryüzünün pek çok özelliği de ayrıca mevcuttur. Ancak yeryüzünün aksine, yaratıldıkları ilk andan itibaren kirlenmedikleri veya zaman geçtikçe değişime uğramadıkları için, güzel ve temiz doğalarını muhafaza ederler.

Ayrıca Cennet Bahçesinde ki insanlar genellikle giysi giymiyor olsalar da utanç duymaz ya da zina işlemezler, çünkü günahkâr doğaları olmadığı gibi, yüreklerinde de hiç bir kötülük yoktur. Tıpkı yeni doğmuş bir bebeğin başkalarının ne düşündüğü ya da ne söyleyeceği hususunda huzursuz olmadan özgürce çıplak oynamasına benzer.

Cennet Bahçesinin çevresi, giysisiz insanlar için bile uygundur çünkü onlar çıplak olmaktan dolayı rahatsızlık hissetmezler. Cilde zarar vermeyen böceklerin ya da dikenlerin olmaması da ne kadar güzeldir!

Bazı insanlar giysi giyerler. Onlar belli grupların liderleri konumundadırlar. Cennet Bahçesinde de yasa ve kurallar vardır. Bir grubun lideri ve ona itaat edip izleyen üyeleri vardır. Bu liderler, diğerlerinin aksine giysiler giyerler ama bu giysileri giymelerinin sebebi kendilerini örtmek, korumak ya da süslemek için değil, konumlarını göstermek içindir.

Yaratılış 3:8, Cennet Bahçesinde ki hava değişiminden söz eder, *"Derken, günün serinliğinde bahçede yürüyen RAB Tanrı'nın sesini duydular. O'ndan kaçıp ağaçların arasına gizlendiler."* Bu ayette insanların "serinlik" hissettiklerini kavrarsınız. Ancak bunun anlamı, yeryüzünde ki kavurucu yaz sıcaklarında terlemeleri ya da soğuk havalarda üşümekten titremeleri demek değildir.

Cennet Bahçesinde ki sıcaklık, nem ve rüzgâr seviyesi her daim rahatlatıcıdır. Dolayısıyla hava değişimlerinden meydana gelen rahatsızlıklar yoktur.

Ayrıca Cennet Bahçesinde gündüz ve gece yoktur. Her zaman Baba olan Tanrı'nın ışığıyla aydınlanır ve her daim gündüz olduğu hissine kapılırsınız. İnsanların dinlenmek için zamanları vardır ve havanın değişimi sayesinde dinlenme ile aktif olma zamanları arasında ki ayrımı yaparlar.

Ancak havanın bu değişimi, insanları aniden ısıtacak ya da üşütecek şekilde ne artar, ne de düşer, ama tatlı bir esintiyle dinlendirerek rahat hissettirir.

2. İnsanlar Yeryüzünde Yetiştirilir

Cennet Bahçesi öylesine geniş ve büyüktür ki onun ölçüsünü tasavvur etmeniz bile mümkün değildir. Yeryüzünden milyarlarca kez büyüktür. Güneş sistemimizden çok uzaklarda ki galaksilere uzanan göğün birinci katında ki insanların yetmiş yada seksen senelik yaşamları sonsuz gibi görünür. Göğün ilk katının aksine, ölümü yaşamadan çoğalan insanların yaşadığı Cennet bahçesi öyleyse ne kadar daha büyüktür?

Ne kadar güzel, refah içinde ve büyük olursa olsun, Cennet Bahçesi göklerde ki diğer yerlerle mukayese bile edilemez. Hatta göklerde ki bekleme yeri olan cennet bile çok daha güzel ve mutlu bir yerdir. Cennet bahçesinde ki sonsuz yaşam, göklerde ki sonsuz yaşamdan çok farklıdır.

Bu sebeple, Tanrı'nın planını, işleri Adem'in Cennet Bahçesinden kovulmasına getiren süreçleri ve yeryüzünde yetiştirilmesini inceleyerek, Cennet Bahçesinin göklerde ki bekleme yerinden nasıl farklı olduğunu göreceksiniz.

Cennet Bahçesinde ki İyilikle Kötülüğün Bilgisini Taşıyan Ağaç

İlk insan olan Adem, arzu ettiği her şeyi yiyebilir, tüm yaratılışa hükmedebilir ve Cennet Bahçesinde sonsuza kadar yaşayabilirdi. Ancak Yaratılış 2:16-17 ayetlerinde Tanrı insana şöyle buyurdu, *"Bahçede istediğin ağacın meyvesini yiyebilirsin diye buyurdu, Ama iyiyle kötüyü bilme ağacından yeme. Çünkü ondan yediğin gün kesinlikle ölürsün."* Her ne kadar Tanrı Adem'e tüm yaratılışa hükmedecek muazzam bir yetki ve yanı sıra özgür irade vermiş olsa da, iyiliğin ve kötülüğün bilgisini taşıyan ağaçtan yemesini kati bir şekilde yasakladı. Cennet Bahçesinde yeryüzündekilerle mukayese bile edilemeyecek kadar çeşitli, renk renk, güzel ve lezzetli meyveler vardır. Tanrı, tüm meyveleri Adem'in kontrolüne vermişti ki dilediği kadar yiyebilsin.

Ancak iyiliğin ve kötülüğün bilgisini taşıyan ağacın meyvesi bir istisnaydı. Tanrı, Adem'in iyilik ve kötülüğün bilgisini taşıyan ağacın meyvesinden yiyeceğini önceden bilmesine rağmen, Adem'in sadece günah işlemesine göz yummadığını bu sayede anlamalısınız. Pek çok insanın yanlış anladığı gibi, eğer Tanrı, Âdem'in ağacın meyvesinden yiyeceğini önceden bilerek iyilik ve kötülüğün bilgisini taşıyan ağacı onu test etmek için koymuş olsaydı, Âdem'e sıkıca emretmezdi. Dolayısıyla görüyorsunuz ki, Tanrı Adem'in iyilik ve kötülüğün ağacının meyvesinden yemesi için kasıtlı olarak ağacı yerleştirmemiş ya da onu test etmeye çalışmamıştır.

Tıpkı Yakup 1:13'de yazıldığı gibi, *"Ayartılan kişi, 'Tanrı beni ayartıyor' demesin. Çünkü Tanrı kötülükle ayartılmadığı gibi kendisi de kimseyi ayartmaz."* Tanrı'nın Kendisi hiç kimseyi test etmez.

Öyleyse Tanrı niçin iyilik ve kötülüğün bilgisini taşıyan ağacı Cennet Bahçesine yerleştirmiştir?

Eğer sevinçle dolu, memnun ve mutlu hissedebiliyorsanız, bunun nedeni bu duyguların üzüntü, acı ve sıkıntı gibi karşıt duygularını yaşamış olmanızdandır. Aynı şekilde, eğer iyiliğin, gerçeğin ve ışığın iyi olduğunu biliyorsanız, bunun nedeni kötülüğü, yalanı ve karanlığı yaşamış olmanızdır.

Eğer bu göreceliği yaşamamışsanız, her ne kadar duyumlar

olarak bunlar kafanızda varsa da, tüm yüreğinizle sevginin, iyiliğin ve mutluluğun ne kadar iyi olduğunu hissedemezsiniz. Örneğin hiç hasta olmamış ya da hasta birini hiç görmemiş biri, hastalığın verdiği acıları bilebilir mi? Bu kişi, bunun tam karşıtı olan sağlığın bile ne kadar iyi bir şey olduğunu bilemez. Eğer bir insanın hiç bir zaman hiç bir şeye ihtiyacı olmamışsa, sefalet hakkında ne bilebilir? Böyle bir kişi ne kadar zengin olursa olsun, zengin olmanın "iyi" bir şey olduğunu hissedemez. Aynı şekilde, eğer sefalet hiç yaşamamışsa, yürekten şükran dolu bir akla sahip olmaz.

Eğer bir kişi sahip olduğu iyi şeylerin değerini bilmiyorsa, sürdürdüğü mutluluğun değerini de bilemez. Ama bir kişi hastalığı ve sefaleti yaşamışsa, sağlık ve zenginliğin getirdiği mutluluğa yürekten şükran duyar. Tanrı'nın iyilik ve kötülüğün bilgisini taşıyan ağacı yerleştirmesinin nedeni budur.

Bu sebeple, Cennet Bahçesinden kovulan Adem ve Havva bu göreceliği tecrübe edebilmişler ve Tanrı'nın onlara verdiği sevgi ve kutsamaların farkına varabilmişlerdi. Ancak gerçek mutluluğun ve yaşamın değerini bildikleri takdirde Tanrı'nın gerçek çocukları olabilirlerdi.

Ancak Tanrı kasıtlı olarak Adem'in bu yola girmesini sağlamamıştır. Adem, Tanrı'nın buyruğuna karşı gelmeyi kendi özgür iradesiyle seçmiştir. Tanrı, kendi sevgi ve doğruluğu çerçevesinde insanın yetiştirilmesini planlamıştır.

İnsanın Yetiştirilmesinde Tanrı'nın Takdiri İlahisi

Cennet Bahçesinde ki insanlar oradan kovulduklarında ve yeryüzünde yetiştirilmeye başlandığında, gözyaşları, keder, acı, hastalık ve ölüm gibi her çeşit ıstırabı çekmek zorunda kaldılar. Ama tüm bunlar, onların göklerde hazına vardıkları gerçek mutluluğun ve sonsuz yaşamın değerini büyük bir minnettarlıkla hissetmelerine yol açtı.

Bu nedenle, insanın yetiştirilmesi yoluyla bizleri Kendisinin gerçek çocukları yapması Tanrı'nın harikulade sevgisi ve planına bir örnektir. Ebeveynler, ceza vermenin çocuklarını iyi yöne sevk edeceğini ve başarılı kılabileceğini düşünüyorlarsa, onları bazen cezalandırmanın veya eğitmenin bir zaman kaybı olduğunu düşünmezler. Ayrıca çocuklar gelecekte sahip olacakları iyi şeylere inanıyorlarsa, sabırlı olurlar ve her türlü zorluk ve engellerin üstesinden gelirler.

Aynı şekilde, eğer göklerde tadına varacağınız gerçek mutluluğu düşünürseniz, bu dünya da yetiştiriliyor olmanız size zor veya acı veren bir şey olarak görünmez. Aksine, Tanrı Sözüne göre yaşayabildiğiniz için şükranla dolu olursunuz, çünkü ileride sahip olacağınız görkem için umut beslersiniz.

Peki, öyleyse Tanrı kimin daha kıymetli olduğunu düşünür? Yeryüzünde karşılaştıkları onca zorluklara rağmen Tanrı'ya gerçekten şükran duyanlar mı, yoksa tam bir bolluk ve güzellik içinde yaşamalarına rağmen sahip olduklarını takdir edemeyen Cennet Bahçesinde yaşayan insanlar mı?

Tanrı, Cennet bahçesinden kovulan Adem'i yetiştirdi ve onun torunlarını Kendisini gerçek çocukları yapabilmek için bu dünyada hala yetiştirmektedir. Bu yetiştirme sona erdiği ve göklerde ki evler hazır olduğunda, Rab'bimiz geri gelecektir. Eğer göklerde yaşarsınız, sonsuz mutluluğa sahip olacaksınız, çünkü göklerin en alçak katı bile Cennet Bahçesiyle mukayese edilemeyecek kadar güzeldir.

Bu sebeple, Tanrı'nın insanı yetiştirmesinde ki takdiri ilahisini idrak etmeli ve Tanrı'nın gerçek bir çocuğu olmak için O'nun Sözüne göre davranma mücadelesini vermelisiniz.

3. Göklerin Bekleme Yeri

Tanrı'ya itaatsizlik eden Adem'in torunları bir kez ölecek ve sonra yargılamayla yüzleşeceklerdir (İbraniler 9:27). Ancak insanların ruhları ölümsüzdür ve dolayısıyla ruhları ya göklere ya da cehenneme gider.

Ama doğrudan göklere ve cehenneme gitmez, ya göklerin ya da cehennemin bekleme yerinde kalırlar. Öyleyse göklerde Tanrı'nın çocuklarının kaldığı bekleme yeri nasıl bir yerdir?

Sonunda İnsanın Ruhu Bedenini Terk eder

İnsan öldüğünde ruhu bedenini terk eder. Ölümden sonra bu gerçeği bilmeyenler, orada yatan kendilerini gördüklerinde çok şaşıracaklardır. İnançlı biri bile olsa, ruhu bedenini terk ettikten sonra nasıl da garip hissedecektir?

İçinde yaşadığınız üç boyutlu dünyadan dört boyutlu dünyaya geçtiğinizde, her şey çok farklıdır. Bedeniniz hafiflemiş hisseder ve uçuyor hissine kapılırsınız. Ancak ruhunuz bedeninizden çıkmış olsa bile sınırsız özgürlüğe sahip olamazsınız.

Yeni doğmuş kuşlar nasıl kanatlarla doğmuş olsalar bile hemen uçamıyorlarsa, sizinde ruhani dünyaya alışmak ve basit bilgileri öğrenmek için zamana ihtiyacınız vardır.

İsa Mesih'e imanlarıyla ölenlere iki melek eşlik eder ve yukarı mezarlığa giderler. Orada meleklerden ve peygamberlerden göklerde ki yaşamı öğrenirler.

Kutsal Kitap'ı okuduğunuzda iki çeşit ölüler diyarı olduğunu öğrenirsiniz. Yakup ve Eyüp gibi imanın ataları, öldükten sonra ölüler diyarına gideceklerini söylerler (Yaratılış 37:35; Eyüp 7:9). Tanrı adamı Musa'ya karşı gelen Korah ve adamları diri diri ölüler diyarına gittiler (Çölde Sayım 16:33).

Luke 16, öldükten sonra ölüler diyarına giden zengin bir adamla Lazar adlı bir dilenciyi betimler ve bu yerlerin aynı yerler olmadığını anlarsınız. Lazar, İbrahim'in yanındayken zengin adam alevlerin içinde azap çekmektedir.

Aynı şekilde, kurtulanların ve kurtulmayanların gittiği farklı ölüler diyarı vardır. Korah ve adamlarıyla, zengin adam, cehenneme ait olan Hades'e, Lazar ise göklere ait ölüler diyarının bulunduğu yukarı mezarlığa gitmiştir.

Yukarı Mezarlıkta 3-Gün Kalma

Eski Ahit zamanında kurtulanlar yukarı mezarlıkta bekliyorlardı. İmanın atası İbrahim, ölüler diyarının yukarı mezarlığından sorumlu olduğundan, dilenci Lazar Luka 16'da İbrahim'in yanı başındaydı. Ama Rab'bimiz dirildikten ve göğe yükseldikten sonra, artık kurtulanlar İbrahim'in yanına, yukarı mezarlığa gitmezler. Orada üç gün kaldıktan sonra cennette bir yere alınırlar. Yani, göklerin bekleme yerinde Rab ile birlikte olacaklardır.

İsa'nın Yuhanna 14:2'de şöyle dediği gibi, *"Babam'ın evinde kalacak çok yer var. Öyle olmasa size söylerdim. Çünkü size yer hazırlamaya gidiyorum."* dirildikten ve göğe yükseldikten sonra Rab'bimiz her inanan için bir yer hazırlamaktadır. Dolayısıyla Rab'bimiz Tanrı'nın çocukları için yer hazırlandığından, kurtulanlar cennetin bir yakasında olan bekleme yerlerinde kalırlar.

Bazıları, yaratılıştan beri kurtulan insanların nasıl cennete sığıp yaşadıklarını merak edebilir, bir ama bunun için endişelenmeye gerek yoktur. Dünyamızın ait olduğu güneş sistemi, galaksiyle karşılaştırıldığında bir noktadır. Öyleyse bir galaksi ne kadar büyüktür? Tüm evrenle ile karşılaştırıldığında, galaksi de bir noktadan ibarettir. Peki, öyleyse evren ne kadar büyüktür?

Dahası bu evren, birçoklarının arasında sadece bir tanedir. Dolayısıyla, tüm evrenin büyüklüğünü ölçebilmek imkânsızdır. Eğer bu fiziksel dünya bu kadar büyükse, ruhani dünya kim bilir ne kadar büyüktür?

Göklerin Bekleme Yeri

Ölüler diyarının yukarı mezarlığında üç gün alışma zamanından sonra kurtulanların alındığı göklerde ki bekleme yeri nasıl bir yerdir?

İnsanlar, güzel bir manzarayla karşılaştıklarında "Bu yeryüzünde ki cennet olmalı" ya da "Tıpkı cennet bahçesi gibi!" derler. Ancak Cennet Bahçesi, bu dünyada ki hiç bir güzellikle mukayese bile edilemez. Cennet Bahçesinde ki insanlar, mutluluk, huzur ve sevinçle dolu harikulade ve rüya gibi bir yaşam sürerler. Yeryüzünde güzel görünen şeylerle ilgili fikriniz, bir kere göklere gittiğinizde hemen değişir.

Nasıl bu dünya, Cennet Bahçesiyle mukayese edilemezse,

göklerde Cennet bahçesiyle mukayese edilemez. Göğün ikinci katına ait olan Cennet Bahçesinde ki mutlulukla, üçüncü katına ait bekleme yerinde ki mutluluk arasında temel farklılıklar vardır. Bunun sebebi, Cennet Bahçesinde ki insanların yüreklerinin Tanrı'nın gerçek çocukları olmak için yetiştirilmemiş olmasıdır.

Bunu daha iyi anlamanız için size bir örnek vereceğim. Elektrik olmadan önce, Koreli atalarımız kerosen lambalar kullanırlardı. Bu lambalar, bu gün kullandığınız elektrik ışığına nazaran çok daha az ışık verirdi, ama gecenin karanlığını aydınlattıkları için çok değerliydiler. Ancak insanlar, elektriği geliştirip kullanmaya başladıktan sonra, elektrik ışıklarımız oldu. Kerosen lambaları görmeye alışık olanlar için elektrik ışığı şaşırtıcıydı ve onun parlak ışığıyla büyülenmişlerdi.

Eğer bu dünyanın hiç bir ışıkla aydınlanmayan karanlıkla dolu bir yer olduğunu söylerseniz, Cennet Bahçesi'nin kerosen ışığıyla ve göklerin ise elektrik ışığıyla aydınlanan yerler olduğunu söyleyebilirsiniz. Kerosene ile elektrik ışığı, ışık vermelerine rağmen nasıl birbirlerinden tamamen farklıysa, göklerin bekleme yeri de Cennet Bahçesinden tamamen farklıdır.

Bekleme Yeri Cennetin Bir Yakasındadır

Göklerin bekleme yeri, cennetin bir yakasındadır. Cennet, imanları kıt olanların gittiği, Tanrı'nın Tahtından uzakta olan bir yerdir. Ayrıca oldukça büyüktür.

Cennettin bir yakasında bekleyenler, peygamberlerden ruhani bilgileri öğrenirler. Üçlü Birlik olan Tanrı'yı, gökleri, ruhani dünyanın kurallarını öğrenirler. Böylesi bir bilginin içeriği sınırsızdır. Dolayısıyla, öğrenmenin sonu yoktur. Ancak yeryüzünde ki bazı çalışmaların aksine ruhani şeyleri öğrenmek ne sıkıcı, ne de zordur. Ne kadar çok öğrenirseniz, o kadar çok şaşkınlık içinde kalır ve aydınlanırsınız. Bu nedenle, çok daha şeref vericidir.

Hatta bu dünyada temiz ve alçak gönüllü yürekleri olanlarda Tanrı ile iletişim kurabilir ve ruhani bilgiyi elde edebilirler. Bunlardan bazıları ruhani dünyayı görebilirler çünkü ruhani gözleri açılmıştır ve bazıları da Kutsal Ruh'un ilhamıyla ruhani şeylerin farkına varabilirler. İman veya dualarına nasıl yanıt alacakları hakkında öğrenebilir ve böylece ruha ait olan Tanrı'nın gücünü bu dünyada bile tecrübe edinebilirler.

Bu fiziksel dünya da ruhani şeyleri öğrenir ve onları deneyim edebilirseniz, çok daha fazla enerji dolu ve mutlu olacaksınız. Göklerin bekleme yerinde derinlemesine öğrendiğiniz ruhani şeyler karşısında ne kadar daha sevinçli ve mutlu olurdunuz!

Bu Dünyanın Haberlerini Duyma

Göklerin bekleme yerinde insanlar nasıl bir yaşam sürerler? Gerçek huzuru yaşar ve göklerde ki ebedi evlerine gidecekleri günü beklerler. Hiç bir eksikleri yoktur ve gerek mutluluğun, gerekse memnuniyetin tadına varırlar. Orada zamanlarını boşuna geçirmezler ama hem meleklerden, hem de peygamberlerden birçok şey öğrenmeye devam ederler.

Aralarında tayin edilmiş liderler vardır ve bir düzen içinde yaşarlar. Yeryüzüne gelmeleri yasak olduğundan, buralarda neler olduğu hakkında her zaman merak içindedirler. Dünyevi şeyler hakkında bir merakları yoktur ama daha ziyade Tanrı'nın egemenliğiyle ilgili meselelerde meraklıdırlar. "Hizmet ettiğim kilisede neler oluyor? Kendisine verilen vazifelerin ne kadarını kilisem başarıyla tamamladı? Dünya da misyonerlik çalışmaları ne alemde?" gibi düşünceler içindedirler.

Dolayısıyla, yeryüzüne inebilen meleklerin ve Yeni Yeruşalim'de ki peygamberlerin vasıtasıyla dünya hakkında haberler aldıklarında çok memnun olurlar.

Bir keresinde Tanrı, göklerin bekleme yerinde kalmakta olan kilisemin üyelerini bana ifşa etmişti. Farklı yerlerde dualar ediyor ve kilisemin durumu hakkında haberler almayı bekliyorlardı. Özellikle kiliseme verilen görev olan dünya misyonerliği ve Büyük Tapınak ile ilgiliydiler. Duydukları iyi haberler karşısında çok mutluydular. Uluslararası misyonerlik çalışmalarımızla Tanrı'nın yüceltildiği hakkında ki haberleri aldıklarında öylesine heyecanla dolmuşlardı ki bir festival yapmışlardı.

Aynı şekilde, göklerin bekleme yerinde ki insanlar, bazen yeryüzüyle ilgili haberler alarak mutlu olur ve hoş zaman geçirirler.

Göklerin Bekleme Yerinde ki Kati Düzen

Yargı gününden sonra göklerde farklı yerlere girecek olan imanın farklı seviyesinde ki insanların hepsi göklerin bekleme yerinde kalırlar, ama aralarında ki düzene tamamen uyarlar. Kıt imanları olanlar, daha fazla imanları olanların önünde başlarını eğerek saygılarını gösterirler. Ruhani kurallar, bu dünyada ki durumlara göre verilmez, ama Tanrı tarafından verilen görevlerine gösterdikleri sadakat ve bağlılıklarının ölçüsüne göre verilir.

Bu şekilde, kurallar kati olarak tutulur çünkü doğruluğun Tanrısı tüm gökler üzerinde hüküm sürer. Düzen, ışığın parlaklığına, her bir bireyin iyiliğinin ölçüsüne ve sevgilerinin büyüklüğüne göre kurulduğundan, hiç kimse şikâyet etmez. Göklerde herkes ruhani düzene uyar, çünkü kurtulanların zihinlerinde kötülük yoktur.

Ama bu düzen ve farklı görkemler, zoraki itaat getirildiği anlamına gelmez. Bu, gerçek ve samimi yüreklerin sevgi ve saygısından gelir. Bu sebeple, göklerin bekleme yerinde insanlar, kendilerinden ileri durumda olanlara yürekten saygı duyarlar ve onların önünde eğilerek saygılarını gösterirler çünkü doğal olarak ruhani farklılığı hissederler.

4. Bekleme Yerinde Kalmayan İnsanlar

Yargı gününden sonra, göklerde kendilerine ayrılmış yerlere gidecek olan insanlar, şu anda göklerin bekleme yerinde, cennetin bir yakasında kalırlar. Ancak bazı istisnai durumlarda vardır. Göklerde ki en güzel yer olan Yeni Yeruşalim'e girecek olanlar, doğrudan Yeni Yeruşalim'e gidecek ve Tanrı'nın işlerine yardım edeceklerdir. Bir kristal gibi berrak ve güzel yürekleri olan bu insanlar, Tanrı'nın özel sevgi ve alakasıyla yaşarlar.

Yeni Yeruşalim'de Tanrı'nın İşlerine Yardım Edecekler

Tanrı evinin her yerinde İlyas, Hanok, İbrahim, Musa ve Aziz Pavlus gibi kutsal ve sadık olan imanın ataları şu anda nerede kalmaktadır? Göklerin bekleme yeri olan cennetin bir yakasında mı kalıyorlar? Hayır. Çünkü bu insanlar tamamen kutsallaşarak Tanrı'nın yüreğini bütünüyle yansıttıklarından, Yeni Yeruşalim'dedirler. Ancak henüz Yargı Günü gerçekleşmediğinden, kendilerine mahsus düzenlenmiş ebedi evlerine gidemezler.

Öyleyse Yeni Yeruşalim'in neresinde kalırlar? 2400 kilometrelik genişliği, uzunluğu ve yüksekliği olan Yeni Yeruşalim'de farklı boyutlara ait bir kaç ruhani alan vardır. Tanrı'nın Tahtının olduğu, evlerin inşa edildiği ve Rab'bimizle birlikte çalışmakta ve çoktan Yeni Yeruşalim'e girmiş olan imanın atalarının kaldığı yerler vardır.

Yeni Yeruşalim'de bulunan imanın ataları, bizlerin yerlerinin hazırlanmasında Rab'bimize yardım ederken, kendilerine mahsus hazırlanmış ebedi mekânlarına gidecekleri günün de özlemi içindedirler. Ebedi evlerine girmek için çok fazla özlem duyarlar çünkü oraya ancak bu dünya da İsa Mesih'in İkinci Gelişiyle gökyüzünde görünüşü, Yedi-yıllık Düğün Şöleni ve Mutluluk Çağı gerçekleştikten sonra gidebilirler.

Göklerin umuduyla dolu olan Aziz Pavlus, 2. Timoteos 4:7-8'de şunu dile getirmiştir.

> *"Yüce mücadeleyi sürdürdüm, yarışı bitirdim, imanı korudum. Bundan böyle doğruluk tacı benim için hazır duruyor. Adil yargıç olan Rab o gün bu tacı bana, yalnız bana değil, O'nun gelişini özlemle beklemiş olanların hepsine verecektir."*

Yüce mücadeleyi sürdürenler ve Rab'bin gelişini özlemle beklemiş olanlar, göklerde mekân ve ödüllerin kendilerine verileceğine kati umut beslerler. Eğer ruhani hükümranlık hakkında bilgi sahibiyseniz böylesi bir iman ve umutla bilginiz daha da artar ve benim gökleri detaylıca anlatmamın sebebi de budur.

Göklerin ikinci katında ki Cennet Bahçesi ve üçüncü katında ki Bekleme Yeri, yeryüzünden çok daha güzeldir ama bu iki yer bile Tanrı'nın Tahtının olduğu Yeni Yeruşalim'le görkem ve güzellik bakımından yarışamaz.

Bu sebeple, sadece Aziz Pavlus'un sahip olduğu iman ve umutla Yeni Yeruşalim'e doğru yol almanızı değil ama ayrıca görevleriniz hayatınıza mal olsa bile müjdeyi duyurabilmeniz ve birçok canı kurtuluş yoluna taşıyabilmeniz için Rab'bimizin adıyla dua ediyorum.

3. Bölüm

Yedi-Yıllık Düğün Şöleni

1. İsa'nın Dönüşü ve Yedi-Yıllık Düğün Şöleni

2. Mutluluk Çağı (Bin Yıl)

3. Gökler Hüküm Gününden Sonra Verilir

*İlk dirilişe dahil olanlar mutlu ve kutsaldır.
İkinci ölümün bunların üzerinde yetkisi yoktur.
Onlar Tanrı'nın ve Mesih'in kâhinleri olacak,
O'nunla birlikte bin yıl egemenlik sürecekler.*

- Vahiy 20:6 -

Ödülünüzü almadan ve göklerde ki ebedi yaşamınıza başlamadan önce Beyaz Tahtın Yargı Gününden geçeceksiniz. Büyük Hüküm gününden önce Rab'bimizin İkinci Gelişi havada belirecek, Yedi-Yıllık Şölen, Rab'bin yeryüzüne gelişi ve Mutluluk çağı gerçekleşecektir.

Tüm bunların hepsi, yeryüzünde imanlarını muhafaza eden sevgili çocuklarını rahat ettirmek ve göklerin birazcık olsun tadını almalarını sağlamak için Tanrı'nın hazırladıklarıdır.

Bu sebeple, güveyimiz Rab'bin havada görüleceğine inanan ve O'nunla tanışmak için umut besleyenler, Yedi-yıllık düğün Şöleni ve Mutluluk Çağını (Bin Yıl) dört gözle beklerler. Kutsal Kitap'ta yazılmış olan Tanrı Sözü gerçektir ve Kutsal Kitap'ta yazılmış tüm kehanetler bu güne kadar gerçekleşmiştir.

Uyanık olmadığınız ve Tanrı sözüne göre yaşamadığınız takdirde Rab'bin gününün bir hırsız gibi ansızın geleceğini ve ölüme yuvarlanacağınızı idrak ederek akıllı bir inanan olmalı ve O'nun için kendinizi bir gelin gibi en iyi şekilde hazırlamaya çabalamalısınız.

Bir kristal gibi berrak ve güzel göklere gitmeden önce, Tanrı'nın çocuklarının ne gibi harika şeyleri yaşayacaklarına detaylıca bakalım.

1. İsa'nın Dönüşü ve Yedi-Yıllık Düğün Şöleni

Romalılar 10:9'da Aziz Pavlus şöyle yazar, *"İsa'nın Rab olduğunu ağzınla açıkça söyler ve Tanrı'nın O'nu ölümden dirilttiğine yürekten iman edersen, kurtulacaksın."* Kurtuluşu elde etmek için, sadece İsa'nın Kurtarıcınız olduğunu ağzınızla açıkça söylememeli, ama ayrıca tüm yüreğinizle ölümden dirildiğine inanmalısınız.

Eğer İsa'nın dirilişine inanmazsınız, Rab'bin İkinci Gelişinde kendinizin de dirileceğinize inanamazsınız. Hatta bu durumda Rab'bin İkinci Gelişi'ne bile inanamazsınız. Eğer göklerin ve cehennemin olduğuna inanmazsanız, Tanrı sözüne göre yaşayacak kuvveti elde edemez ve dolayısıyla kurtuluşa da erişemezsiniz.

Hristiyan Yaşamının Nihai Hedefi

1. Korintliler 15:19 şöyle der, *"Eğer yalnız bu yaşam için Mesih'e umut bağlamışsak, herkesten çok acınacak durumdayız."* Yeryüzüne inananların tersine, Tanrı'nın çocukları kiliseye gider, ibadetlere katılır ve her Pazar Rab'lerine birçok yolla hizmet ederler. Kimi zamanlar dinlenmeye ihtiyaç duymalarına rağmen, Tanrı sözüne göre yaşayabilmek için sıklıkla oruç tutar, sabahın erken saatinde Tanrı'nın ibadethanesinde samimiyetle dua ederler.

Ayrıca kendi çıkarlarını düşünmez, başkalarına hizmet eder ve Tanrı'nın egemenliği için kendilerini feda ederler. Bu sebeple, eğer gökler yoksa sadık olanlar en çok acınacak kişiler olacaktır. Ancak Rab'bin göklere sizi almak için geleceği kesindir ve size göklerde güzel yerler hazırlamaktadır. Sizleri bu dünya da ektikleriniz ve yaptıklarınıza göre ödüllendirecektir.

İsa Matta 16:27'de şöyle söyler, *"İnsanoğlu, Babası'nın görkemi içinde melekleriyle gelecek ve herkese, yaptığının karşılığını verecektir."* Burada "herkese, yaptığının karşılığını verecektir" demek, insanların sadece göklere yada cehenneme gideceği anlamına gelmez. Göklere giden inananlar arasında bile bu dünyada ki yaşamlarına göre farklılıklar gösterecek ödül ve görkemler vardır.

Bazıları Rab'bin çok yakında geleceğini duyduklarında kızar ya da korku duyarlar. Ancak Rab'bi gerçekten seviyor ve gökler için umut besliyorsanız, özlem içinde olmanız ve Rab ile yakında tanışmayı beklemeniz doğaldır. Ağzınızla açıkça, "Rab'bim seni seviyorum." der ama Rab'bin yakında geleceğini duyduğunuzda hoşnutsuzluk içinde olur ve hatta korku duyarsanız, Rab'bi gerçekten seviyor olduğunuz söylenemez.

Bu sebeple güveyiniz Rab'bi, İkinci Gelişini tüm kalbinizle ve sevinç içinde bekleyerek karşılamalı ve bir gelin gibi kendinizi hazırlamalısınız.

Rab'bin Havada İkinci Gelişi

1. Selanikliler 4:16-17'de şöyle yazılır, *"Rab'bin kendisi, bir emir çağrısıyla, başmeleğin seslenmesiyle, Tanrı'nın borazanıyla gökten inecek. Önce Mesih'e ait ölüler dirilecek. Sonra biz yaşamakta olanlar, hayatta olanlar, onlarla birlikte Rab'bi havada karşılamak üzere bulutlar içinde alınıp götürüleceğiz. Böylece sonsuza dek Rab'le birlikte olacağız."*

Rab geri gelerek havada tekrar göründüğünde, Tanrı'nın her bir çocuğu ruhsal bedenlere dönüşecek ve O'nu havada karşılamak üzere alınacaklardır. Kurtulan ve ölen bazı insanlar vardır. Bedenleri gömülmüştür, ama ruhları cennette beklemektedir. Bu insanlara "Rab'de uyuyan" insanlar deriz.

Eski ve gömülen bedenleri ruhani bedenlere dönüşür ve ruhları bu bedenlerle birleşir. Bu kişileri, ölümü hiç görmeden göksel bedenlere dönüşen ve havaya alınanlar izleyecektir.

Tanrı Havada Düğün Şöleni Verir

Rab havada belirdiğinde yaratılıştan bu yana kurtulan herkes güveyleri olarak Rab'bi karşılayacaklardır. O vakitte Rab, iman yoluyla kurtulan çocuklarını rahatlatmak için Yedi-Yıllık Düğün Şölenini başlatır. Elbette ki sonraki bir zamanda yapmış oldukları işlerin ödüllerini göklerde alacaklardır ama şimdi Tanrı çocuklarını teselli etmek için hala bu şöleni vermektedir.

Örneğin bir komutan büyük bir zafer sonrası döndüğünde kral ne yapar? Yapmış olduğu bu olağanüstü hizmetten dolayı komutana çeşitli ödüller verir. Kral ona bir ev, toprak, parasal ödüller ve hizmetleri için ziyafet bile verir.

Aynı şekilde, Yargı Gününden sonra Tanrı'da Çocuklarına göklerde kalacak bir yer ve ödüller verecektir, ama bundan önce çocukları iyi vakit geçirsin ve sevinçlerini paylaşsın diye Düğün Şölenini verir. Her ne kadar her bir bireyin bu dünya da Tanrı'nın egemenliği için yapmış oldukları şeyler farklı olsa da, şölen kurtulmuş olmaları gerçeği sebebiyle yine de verilir.

Öyleyse, Yedi-Yıllık Düğün Şölenin gerçekleşeceği "hava" nerededir? Burada "hava" çıplak gözlerinize görünen gökyüzü değildir. Eğer bu "hava" sadece gözlerinizle görebildiğiniz gökyüzü olsaydı, kurtulan herkesin gökyüzünde akarak şölende bulunmaları gerekirdi. Ayrıca yaratılıştan bu yana kurtulabilen çok fazla insan olmalı ve onların hepsinin bu dünyanın göğünde kalabilmeleri de mümkün olmasa gerek.

Bunların yanı sıra şölen detaylıca ve çok planlı bir şekilde hazırlanacaktır çünkü Tanrı'nın ta Kendisi Çocuklarını teselli etmek için bunu düzenlemektedir. Tanrı'nın uzun zamandır tanzim ettiği bir yer vardır. Bu yer, Tanrı'nın Yedi-Yıllık Düğün Şöleni için hazırladığı "hava"dır ve bu yer göğün ikinci katındadır.

"Hava" Göğün İkinci Katına Aittir

Efesliler 2:2 şöyle der, *"Bu dünyanın gidişine ve havadaki hükümranlığın egemenine, yani söz dinlemeyen insanlarda şimdi etkin olan ruha uymaktaydınız."* Öyleyse "hava" ayrıca kötü ruhlarında bulunduğu bir yerdir.

Ancak Yedi-Yıllık Düğün Şölenin olacağı yer ile kötü ruhların bulunduğu yer aynı yer değildir. Her ikisi için "hava" ibaresinin kullanılmasının sebebi, her ikisinin de göğün ikinci katına ait olmasıdır. Göğün ikinci katı, tek bir alandan ibaret bir yer değildir, ama birçok alana ayrılmıştır. Dolayısıyla Yedi-Yıllık Düğün Şöleninin yapılacağı yerle kötü ruhların bulunduğu yer farklıdır.

Tanrı, tüm ruhani hükümranlıktan bir parça alarak İkinci Gök olarak adlandırılan yeni bir ruhani hükümranlık yarattı. Sonra onu iki alana böldü. Biri Tanrı'ya ait olan ışığın alanı Aden, diğeri Tanrı'nın kötü ruhlara verdiği karanlık alandır.

Tanrı, Aden'in doğusunda insanların yetiştirilmesinin başlamasına kadar Adem'in kalacağı Cennet Bahçesini yarattı. Tanrı, Adem'i alarak bu bahçeye koydu. Ayrıca Tanrı karanlık alanı da kötü ruhlara verdi ve orada kalmalarına izin verdi. Bu karanlık alanla Aden kesinlikle birbirlerinden ayrılmıştır.

Yedi-Yıllık Düğün Şöleninin Yeri

Öyleyse Yedi-Yıllık Düğün Şöleni nerede yapılacaktır? Cennet Bahçesi Aden'in sadece bir bölümüdür ve Aden'de birçok başka yer daha vardır. Bunlardan bir tanesini Tanrı Yedi-Yıllık Düğün Şöleni için tanzim etmiştir.

Yedi-Yıllık Düğün Şölen'inin yapılacağı yer, Cennet bahçesinden çok daha güzel bir yerdir. Güzel çiçekler ve ağaçlar vardır. Birçok renk ışıl ışıl parlar ve etrafı tarif edilemez güzellikte ve tertemiz bir doğa ile çevrelenmiştir.

Ayrıca çok da geniştir çünkü yaratılıştan bu yana kurtulanlar şölende birlikte olacaklardır. Burada büyük bir şato vardır ve şölene davet edilen herkesin girebileceği kadar büyüktür. Şölen bu şatoda verilecektir ve tasavvur dahi edilemeyen mutlu anlar yaşanacaktır. Şimdi sizleri Yedi-Yıllık Düğün Şöleninin yapılacağı şatoya davet etmek istiyorum. Umarım şölenin onur konuğu olan Rab'binizin bir gelini olma mutluluğunu hissedersiniz.

Rab ile Parlak ve Güzel bir Yerde Karşılaşma

Şölen salonuna vardığınızda daha önce hiç görmediğiniz parlak ışıklarla dolu aydınlık bir odaya gireceksiniz. Bedeninizin tüylerden bile daha hafif olduğu hissine kapılacaksınız. Yavaşça yeşil çimenlerin üzerine indiğinizde, ilk başta parlak ışıklardan görünmeyen çevre, gözleriniz tarafından algılanmaya başlayacak. Gözlerinizi alacak kadar temiz ve saf bir gökyüzü ile gölü göreceksiniz. Bu göl her ne zaman dalgalansa tıpkı değerli

taşların güzel renklerinin yansıması gibi parlayacak.
Dört bir yanı tamamen çiçekler ve yeşil ormanlarla çevrili bulacaksınız. Çiçekler size el sallarmış gibi bir ileri bir geri salınırlar ve daha önce hiç duyumsamadığınız kadar yoğun, güzel ve tatlı kokularını alacaksınız. Hemen çeşitli renkte kuşlar gelecek ve şakıyarak sizi karşılayacaklar. Suyun dibinde ki şeyleri gayet net görebildiğiniz gölden harikulade güzel balıklar başlarını sudan çıkarıp sizi selamlayacaklar.

Hatta üzerine bastığınız çimenler bile bir pamuk kadar yumuşak hissettirecek. Nazikçe giysilerinize dokunan rüzgâr sizi yavaşça sarmalayacak. O anda kuvvetli bir ışık gözlerinizi alacak ve ışığın ortasında ayakta duran bir kişiyi göreceksiniz.

Rab, "Seni seviyorum, gelinim" diyerek Sizi Kucaklayacak

Yüzünde tatlı bir tebessümle size kendisine doğru gelmenizi söyleyerek, kollarını iki yana doğru açacak. O'na doğru gittiğinizde, yüzü gayet net ortaya çıkacak. O'nun yüzünü ilk kez görüyor olsanız da kim olduğunu çok iyi bileceksiniz. O, sevdiğiniz ve uzunca bir zamandır görebilmek için özlem duyduğunuz güveyiniz İsa Mesih'tir. O an gözyaşları yanaklarınızdan akmaya başlayacak. Gözyaşı dökmekten kendinizi alamayacaksınız, çünkü yeryüzünde yetiştirildiğiniz zamanları anımsayacaksınız.

Şimdi, yeryüzünde onca eziyet ve sınamadan sonra, en zor koşulları bile uğruna yendiğiniz Rab ile yüz yüze geleceksiniz ve Rab size yaklaşıp sarılarak şöyle diyecek, "Gelinim, bu günü bekliyordum. Seni seviyorum."

Bunu duyduktan sonra daha da çok gözyaşı dökeceksiniz.

Rab gözyaşlarınızı silecek ve size daha sıkı sarılacak. O'nun gözlerinin içine baktığınızda, Yüreğini hissedeceksiniz; "Seni çok iyi tanıyorum. Gözyaşlarını ve acılarını biliyorum. Artık sadece sevinç ve mutluluk olacak."

Ne kadar uzunca bir zamandır bu anın özlemi içindeydiniz? O'nun kollarında olduğunuz zaman, huzurun en yüksek boyutunda hissedecek ve refah duygusu tüm bedeninizi saracak.

Artık yumuşak, derin ve güzel övgülerin yükseldiğini duyabileceksiniz. Sonra Rab kolunuzdan tutarak sizi övgülerin geldiğini yere götürecek.

Düğün Şöleninin Salonu Rengârenk Işıklarla Doludur

Bir süre sonra oldukça göz kamaştırıcı güzellikte ve ışıl ışıl bir şato göreceksiniz. Şatonun kapısının önüne geldiğinizde kapısı yavaşça açılacak ve parlak ışıklar şatonun içinden dışarı doğru taşacak. Rab ile birlikte sanki ışıkla içeri çekilir gibi hissederek şatoya gireceksiniz. İçeride sonunu göremediğiniz öylesine büyük bir salon bulacaksınız. Salon güzel bir şekilde süslenmiş, renkli ve parlak ışıklarla donatılmış olacak.

Artık ilahilerin sesleri çok daha net duyulacak ve tüm salonun etrafında dolanacak. Sonunda Rab, gürleyen bir sesle Düğün Şöleninin başladığını duyuracak. Böylece Yedi-yıllık Düğün Şöleni başlayacak ve tüm bu olanlar rüyanızda gerçekleşiyor gibi hissedeceksiniz.

Bu anın mutluluğunu duyumsayabiliyor musunuz? Elbette ki şölende olan herkes bu şekilde Rab ile birlikte olamayacak. Sadece yetkinlikleri olanlar O'nu bu kadar yakından izleyebilecek ve O'nun kollarına alınacak.

Bu sebeple, kendinizi bir gelin gibi hazırlamalı ve tanrısal özyapıda ortak olmalısınız. Her ne kadar herkes Rab'bin elini tutmayacak olsa bile, aynı mutluluğu ve doygunluğu hissedeceklerdir.

Şarkı Söyleyerek ve Dans Ederek Mutlu Anların Tadına Varma

Düğün şöleni başladığında Baba olan Tanrı'nın adını kutlayarak Rab ile birlikte şarkı söyleyecek ve dans edeceksiniz. Rab ile dans edecek, yeryüzünde geçen zamanlar veya daha sonra yaşayacağınız gökler hakkında O'nunla konuşacaksınız.

Ayrıca Baba olan Tanrı'ya duyduğunuz sevgi hakkında konuşacak ve O'nu yücelteceksiniz. Uzun zamandır birlikte olmayı arzuladığınız kişilerle hoş sohbetler edebileceksiniz.

Ağzınızda eriyen meyvenin tadına vardığınız ve Baba'nın Tahtından akan Yaşam Suyunu içtiğiniz şölen, tatlı bir şekilde devam edecek. Ama tüm yedi yıl boyunca şatoda kalmak zorunda değilsiniz. Bazı zamanlar şatodan çıkacak ve sevinçli anlar yaşayacaksınız.

Öyleyse sizi şatonun dışında ne gibi mutlu aktivite ve olaylar bekliyor olacak? Ormanla, ağaçlarla, çiçeklerle ve kuşlarla dostluk kurarak güzel doğanın keyfine varabileceksiniz. Böylesi güzellikte çiçeklerle bezenmiş caddelerde dostlarınızla yürüyerek sohbetler edebilecek veya bazen de şarkılar söyleyerek ve dans ederek Rab'be ilahiler söyleyeceksiniz. Ayrıca geniş ve açık alanda eğlenmeniz için birçok şey olacak. Örneğin sevdiğiniz dostlarınızla veya Rab'bin kendisiyle göl üzerinde tekneyle gezebileceksiniz. Yüzebilecek veya çeşitli eğlence ve oyunlara katılabileceksiniz.

Tasavvur bile edemediğiniz birçok sevinç ve memnun edici şeyler Tanrı'nın detaycı ilgisi ve sevgisiyle sağlanacak.

Yedi-Yıllık Düğün Şöleni sırasında hiç bir vakit ışık sönmez. Çünkü Aden, ışığın olduğu alandır ve orada gece hiç yoktur. Aden'de uyumak zorunda kalmazsınız ve yeryüzünde olduğu gibi dinlenirsiniz. Ne kadar eğlenirseniz eğlenin asla yorulmayacak ve aksine daha memnun ve mutlu hissedeceksiniz.

Bu sebeple zamanın aktığını hissetmeyecek ve yedi yıl size adeta yedi gün, hatta yedi saat gibi gelecek. Ve hatta yeryüzünden yukarı alınmamış ve Büyük Sıkıntının ıstırabını çeken ebeveynleriniz, çocuklarınız ve kardeşleriniz varsa bile, zamanın sevinç ve mutlulukla hızla geçmesi yüzünden onları düşünecek vakti bile bulamayacaksınız.

Kurtulduğunuz İçin Daha da Çok Şükran Duyma

Cennet Bahçesinin insanları ve düğün şöleninin konukları birbirlerini görebilir ama birbirlerine gelip gidemezler. Ayrıca kötü ruhların Düğün Şölenini görebildiği gibi sizde onları görebilirsiniz. Elbette ki kötü ruhlar, şölen alanına yaklaşmayı akıllarından bile geçiremezler, ama siz onları yinede görebilirsiniz. Şöleni ve konukların mutluluğunu gören kötü ruhlar büyük acı çekerler. Onlar için bir kişiyi bile cehenneme alamamak ve insanları Çocukları olarak Tanrı'ya vermek dayanılmaz bir acıdır.

Onların aksine siz kötü ruhları gördükçe, yeryüzünde yetiştirilirken onların nasılda kükreyen bir aslan gibi sizi mahvetmeye çabaladıklarını hatırlayacaksınız.

Böylece sizi karanlığın güçlerinden koruyan ve Tanrı'nın bir çocuğu olmanızı sağlayan Baba olan Tanrı'nın, Rab'bin ve

Kutsal Ruh'un lütuflarına daha da şükran duyarsınız. Ayrıca bu yolda gitmenize yardımcı olan insanlar içinde şükranla dopdolu olursunuz.

Dolayısıyla Yedi-Yıllık Düğün Şöleni sadece bir dinlenme zamanı ya da yeryüzünde yetiştirilirken çekilen onca acı için bir teselli değildir, ama ayrıca yeryüzünde geçirilen anları hatırlatan ve sevgi Tanrı'sına çok daha fazla şükran duyulmasını sağlayan bir zamandır.

Ayrıca Yedi-Yıllık Düğün Şöleninden çok daha hoşnutluk verici olan, göklerde ki ebedi yaşamı düşünmenizi sağlamasıdır. Göklerde ki mutluluk, Yedi-Yıllık Düğün Şöleniyle mukayese bile edilmez.

Yedi-Yıllık Büyük Sıkıntı

Mutlu düğün şöleni hava da gerçekleşirken, Yedi-Yıllık Büyük Sıkıntı yeryüzünde meydana gelir. Daha önce hiç olmamış ve sonra da olmayacak Büyük Sıkıntının tipi ve büyüklüğü nedeniyle yeryüzünün büyük bir Kısmı yok olacak ve geride kalan insanlar ölecektir.

Elbette ki bazıları "başakların kurtuluşu" diye adlandırılan kurtuluşa nail olacaklardır. Rab'bin İkinci Gelişinin havada görünmesinden sonra yeryüzünde birçok kişi kalacaktır çünkü onlar ya hiç inanmamışlar ya da uygun bir şekilde inanmamışlardır. Ancak Yedi-yıllık Büyük Sıkıntı sırasında tövbe eder ve şehit olurlarsa, kurtulabilirler. Bu kurtulanlara "başakların kurtuluşu" denir.

Yedi-yıllık Büyük Sıkıntı sırasında şehit olmak hiçte kolay değildir. Başta şehit olmayı isteseler bile sonunda pek çoğu insafsız işkenceler ve 666 damgasını almaya zorlayan Mesih karşıtının zulümleri karşısında Rab'bi inkâr eder hale gelirler.

Bu damgayı almamak için genellikle büyük güç sarf ederek karşı koyarlar, çünkü bir kere alırlarsa şeytana ait olacaklarını bilirler. Ancak korkunç acıların eşlik ettiği işkencelere tahammül edebilmek kolay bir şey değildir.

Bazen kişinin kendisi tüm bu işkencelere dayanabilse bile, sevgili aile üyelerinin işkenceye maruz kaldığını görmek çok daha zordur. Bu sebeple, "başakların kurtuluşu" olarak adlandırılan kurtuluşa nail olmak çok daha zordur. Bunların olduğu sırada insanların Kutsal Ruh'tan yardım almaları mümkün olmadığından, imanı muhafaza etmek çok daha fazla güçtür.

Bu sebeple, okuyuculardan hiç birinin Yedi-Yıllık Büyük Sıkıntıyla yüzleşmemesini umut ediyorum. Yedi-Yıllık Büyük sıkıntı'yı sizlere anlatmamın sebebi, zamanın sonuna doğru meydana gelecek olaylarla ilgili Kutsal Kitap'ta yazılanlar konusunda sizi bilgilendirmek ve tüm bunların kesinlikle olacağını sizlere bildirmektir.

Başka bir sebep ise, Tanrı'nın çocukları göğe alındıktan sonra yeryüzünde kalacak olanlar içindir. Gerçek inananlar yukarı alınırken ve Yedi-yıllık Düğün Şölenini yaşarken, yeryüzünde Yedi-Yıllık büyük Sıkıntı meydana gelecektir.

Şehitler "Başakların Kurtuluşuna" Nail Olurlar

Rab'bin havada belirmesinden sonra, yukarı alınmayanlar arasında, İsa Mesih'teki düzensiz imanlarından tövbe edenler olacaktır.

Onları "başakların kurtuluşu"na taşıyan, zamanın sonlarına

doğru büyük çapta Tanrı'nın işlerinin gücünü gösteren kilisenin duyurduğu Tanrı Sözü'dür. Nasıl kurtulacaklarını, ne tip olayların gözler önüne serileceğini ve Tanrı'nın Sözü yoluyla önceden bildirilmiş dünya olaylarına nasıl bir reaksiyon göstereceklerini öğrenirler.

Dolayısıyla, Tanrı'nın önünde gerçekten tövbe edecek ve şehitler olarak kurtulacak insanlar olacaktır. Buna "başakların kurtuluşu" denir. Elbette ki bu insanların arasında İsrailliler de olacaktır. "Çarmıhın Mesajı"nı öğrenebilecek ve Mesih olarak tanımadıkları Tanrı'nın gerçek oğlu ve tüm insanlığın Kurtarıcısı İsa'nın farkına varacaklardır. Sonra tövbe edecek ve "başakların kurtuluşu" nun bir parçası olacaklardır. Birlikte imanlarını büyütmek için bir araya gelecekler, bazıları Tanrı'nın yüreğinin farkına varacak ve kurtulmak için şehitler olacaklardır.

Net bir şekilde Tanrı'nın sözünü açıklayan yazılar sadece inananların imanlarını güçlendirmekle kalmaz, ama ayrıca yukarı alınmayanlar içinde önemli bir rol oynar. Bu sebeple Rab'bin havada İkinci Gelişinden sonra bile insanların kurtulmasını sağlayan Tanrı'nın olağanüstü sevgisi ve merhametinin farkına varmalısınız.

2. Mutluluk Çağı (Bin Yıl)

Yedi-yıllık Düğün Şöleninden sonra gelinler bu dünyaya gelecek ve Rab ile birlikte bin yıl hüküm süreceklerdir (Vahiy 20:4). Rab yeryüzüne tekrar geldiği zaman, yeryüzünü temizleyecektir. Önce havayı temizleyecek ve sonra tüm doğayı güzel bir hale getirecektir.

Yeni Temizlenen Yeryüzünü Baştan Sona Gezme

Nasıl yeni evlenen bir çift balayına gidiyorsa, Yedi-yıllık Düğün Şöleninden sonra gelen Mutluluk çağı sırasında da Rab ile birlikte seyahat edeceksiniz. Öyleyse en çok nereyi ziyaret etmeyi isterdiniz?

Tanrı'nın çocukları ve Rab'bin gelinleri burayı, yani yeryüzünü ziyaret etmeyi isterler çünkü kısa zamanda ayrılmak zorunda olduklarını bilirler. Tanrı, Mutluluk çağı olan bin yıldan sonra göğün birinci katında olan her şeyi, yani insanın yetiştirilmesinin meydana geldiği dünya, güneş ve ayı başka bir yere taşıyacaktır.

Bu sebeple, Yedi-Yıllık Düğün Şöleninden sonra Baba olan Tanrı yeryüzünü güzelce yeniden yapacak ve onu uzaklara taşımadan önce bin seneliğine Rab ile birlikte yönetmenize izin verecektir. Bu, yer ve gökte ki her şeyi altı günden yaratıp, yedinci gün dinlenen Tanrı'nın takdiri ilahisi içinde önceden planlanmış bir süreçtir. Ayrıca dünyayı terk ettiğinizden dolayı üzülmemeniz için bin sene boyunca Rab ile hüküm sürmeniz içindir. Baştan aşağı böylesine güzelleştirilen yeryüzünde Rab ile hüküm sürerek hoşça vakit geçirebileceksiniz. Yeryüzünde yaşarken görme fırsatı bulmadığınız tüm yerleri gezerek daha önce hiç hissetmediğiniz kadar mutlu ve sevinç dolu hissedebileceksiniz.

Bin Yıl Hüküm Sürme

Bu zaman esnasında ne şeytan, ne de iblis olmayacaktır. Tıpkı cennet Bahçesinde ki yaşam gibi gayet rahat bir ortamda sadece huzur ve dinlenme olacaktır. Ayrıca kurtulanlar ve Rab, yeryüzünde yaşayacak, ama Büyük Sıkıntıyı atlatan fiziksel beden içinde ki insanlarla birlikte olmayacaklardır. Kurtulan insanlar ve Rab, saray veya şato gibi bir yerde onlardan ayrı yaşayacaklardır. Diğer bir deyişle, göksel bedenleri olanlar bir şato içinde yaşarken, fiziksel bedenleri olanlar bu şatonun dışında yaşayacaklardır, çünkü göksel bedenleri olanlarla fiziksel bedenleri olanlar bir yerde bir arada yaşayamazlar.

Ruhani insanlar çoktan göksel bedenlere dönüşmüş olduklarından, ebedi yaşama sahiptirler. Dolayısıyla, çiçeklerin kokusu gibi güzel kokuları koklayarak yaşarlar ama bazen de fiziksel bedenleri olanlarla bir araya geldiklerinde onlarla yiyebilirler. Ancak yemek yeseler bile fiziksel bedenleri olanlar gibi boşaltım deneyimi yaşamazlar. Yedikleri fiziksel gıdalar nefes yoluyla havada çözünür.

Fiziksel bedenleri olanlar çoğalmaya yoğunlaşırlar çünkü Yedi-Yıllık Büyük Sıkıntı esnasında pek çokları hayatta kalmamıştır. Ancak o vakitler ne hastalık, ne de kötülük olacaktır çünkü hava temiz, şeytan ile ibliste orada değildir. Kötülüğü kontrol eden şeytan ile iblis bağlanıp dipsiz derinliklere atıldığından, insan doğasında ki doğruluktan sapış ve kötülük etki altında olmayacaktır (Vahiy 20:3). Ayrıca ölüm olmadığından yeryüzü yine insanlarla dolup taşacaktır.

Öyleyse fiziksel bedenleri olanlar ne yiyeceklerdir? Âdem ile Havva, Cennet Bahçesinde yaşarken, tohum veren her otu ve meyveyi yiyorlardı (Yaratılış 1:29). Tanrı'ya itaatsizlik edip Cennet Bahçesinden kovulduktan sonra yaban otu yemeye başladılar (Yaratılış 3:18). Tufandan sonra yeryüzü daha kötü bir yer oldu ve Tanrı insan ırkının et yemesine izin verdi.

Görüyorsunuz ki yeryüzü kötü bir yer halini aldıkça insanların yedikleri de o kadar kötü bir hal aldı.

Mutluluk çağında insanlar toprak mahsullerini ya da ağaçların meyvelerini yiyecekler. Tufandan önce insanların et yememeleri gibi onlarda yemeyeceklerdir, çünkü ne kötülük, ne de öldürme olmayacaktır. Ayrıca tüm medeniyetler, Büyük Sıkıntı sırasında savaşlarla yok edilmiş olacağından, insanlar ilk yaşam tarzına geri dönecek ve Rab'bin yeni baştan düzenlediği yeryüzünde çoğalacaklardır. Kirlenmemiş, huzur dolu, güzel saf doğada yeni bir hayata başlayacaklardır.

İlaveten, Büyük Sıkıntı öncesi oldukça gelişmiş medeniyetlerde yaşamalarına ve bilgi sahibi olmalarına rağmen bugünün sahip olduğu medeniyet yüz veya iki yüz senede başarılamaz. Ancak zaman geçtikçe ve insanlar hikmet sahibi oldukça, insanlar bu günün seviyesinde bir medeniyeti kurmaya bin yılın sonunda muvaffak olabilirler.

3. Gökler Hüküm Gününden Sonra Verilir

Mutluluk Çağı olarak adlandırılan bin yılın sonunda, bağlanıp dipsiz derinliklere atılan şeytanla iblis kısa bir süre için serbest bırakılır (Vahiy 20:1-3). Her ne kadar Tanrı, Büyük Sıkıntı sonrası hayatta kalanları ve onların torunlarını ebedi kurtuluşa taşımak için yeryüzü üzerinde egemenlik sahibi olsa da, onların imanları gerçek değildir. Bu sebeple Tanrı, onların akıllarını çelmesi için şeytan ve iblise izin verir.

Bu insanların pek çoğu şeytan ve iblis tarafından saptırılarak yok oluş yoluna gireceklerdir (Vahiy 20:8). Dolayısıyla insanlar, bir kez daha Tanrı'nın niçin cehennemi yarattığını ve insanın yetiştirilmesi suretiyle gerçek çocuklarını kazanmayı arzu eden yüce sevgisini idrak edeceklerdir.

Kısa bir süre için serbest bırakılan kötü ruhlar tekrar dipsiz derinliklere atılacak ve Büyük Beyaz Tahtın Yargı günü başlayacaktır (Vahiy 20:12). Öyleyse, Beyaz Tahtın Yüce Yargısı nasıl yapılacaktır?

Tanrı, Beyaz Tahtın Yargısını Yönetir

1982 yılı Temmuz ayında yeni bir kilisenin açılışı için dua ederken, Beyaz Tahtın Yüce Yargısını detaylıca öğrenme fırsatını buldum. Tanrı bana herkesi yargıladığı bir sahneyi ifşa etti. Baba olan Tanrı'nın Tahtının önünde Rab ve Musa duruyordu ve tahtın çevresinde jüri görevini görecek insanlar vardı.

Bu dünyanın hâkimlerinin aksine, Tanrı mükemmeldir ve hata yapmaz. Ama buna rağmen sevginin savunucusu Rab, yasanın kovuşturucusu Musa ve jüri üyeleriyle birlikte yargılıyordu. Vahiy 20:11-15, Tanrı'nın tam anlamıyla nasıl yargılayacağını anlatır.

> *"Sonra büyük, beyaz bir taht ve tahtta oturanı gördüm. Yerle gök önünden kaçtılar, yok olup gittiler. Tahtın önünde duran küçük büyük, ölüleri gördüm. Sonra kitaplar açıldı. Yaşam kitabı denen başka bir kitap daha açıldı. Ölüler kitaplarda yazılanlara bakılarak yaptıklarına göre yargılandı. Deniz kendisinde olan ölüleri, ölüm ve ölüler diyarı da kendilerinde olan ölüleri teslim ettiler. Her biri*

yaptıklarına göre yargılandı. Ölüm ve ölüler diyarı ateş gölüne atıldı. İşte bu ateş gölü ikinci ölümdür. Adı yaşam kitabına yazılmamış olanlar ateş gölüne atıldı."

"Büyük beyaz taht," hâkim olan Tanrı'nın Tahtıdır. Tanrı, parlaklığı sebebiyle "beyaz" görünen tahtında oturarak, sevgi ve doğruluğuyla nihai yargılamaya başlayacak ve samanı değil ama kamışı cehenneme gönderecektir.

Bu nedenle bazen Beyaz Tahtın Yüce Hükmü olarak adlandırılır. Tanrı, kurtulanların isimlerinin yazıldığı yaşam kitabıyla, insanların yapmış oldukları eylemleri yazan diğer kitaplara göre yargılayacaktır.

Kurtulamayanlar Cehenneme Düşeceklerdir

Tanrı'nın tahtının önünde sadece yaşam kitabı değil ama Rab'bi kabul etmeyen ya da gerçek imanları olmayan bireylerin yaptığı işleri kaydeden diğer kitaplarda olacaktır (Vahiy 20:12).

İnsanların doğduğu andan Rab'bin ruhlarını çağırdığı ana kadar yapmış oldukları her bir iş bu kitaplarda yazılmıştır. Örneğin, iyi işler yapmak, birine küfretmek, birine vurmak yada insanlara kızmak, meleklerin elleriyle bu kitaplara işlenir.

Nasıl sizler belli konuşmaları veya olayları video ya da audio yoluyla kayıt altına alıp uzunca bir süre muhafaza ediyorsanız, meleklerde Kudretli Tanrı'nın buyruğu altında sizlerin yapmış olduğu her işi göklerde ki kitaplara yazarak işlerler. Bu sebeple, Beyaz Tahtın Yüce Yargısı hiç bir hata olmadan yerine gelecektir. Öyleyse yargı nasıl uygulanacaktır?

Öncelikle kurtulmayan insanlar yargılanacaktır. Bu insanlar günahkâr oldukları için Tanrı'nın önünde yargılanmazlar. Onlar ancak cehennemin bekleme yeri olan Hades'te yargılanacaklardır. Yargılanmaları Tanrı önünde gerçekleşmeyecek olsa bile, tıpkı O'nun önünde oluyormuş gibi tam bir disiplin içinde yargılanmaları yapılacaktır.

Günahkârlar arasında Tanrı önce en ağır günahları işlemiş olanları yargılayacaktır. Kurtulamayanların yargılarından sonra hepsi birlikte ya ateş gölüne ya da kükürt gölüne atılacak ve ebedi cezaya mahkûm olacaklardır.

Kurtulanlar Göklerde Ödüller Alırlar

Kurtulamayanların yargısı bu şekilde sonuçlandırıldıktan sonra kurtulanların aldıkları ödüllerin yargısı başlar. Vahiy 22:12'de söz verildiği gibi, *"İşte tez geliyorum! Vereceğim ödüller yanımdadır. Herkese yaptığının karşılığını vereceğim."* göklerde ki yerler ve ödüller gereğince hükme bağlanacaktır.

Ödüllerle ilgili verilecek kararlar, Tanrı'nın önünde huzur içinde olur çünkü Tanrı'nın çocukları içindir. Ödüller için yargı en fazla ödül alanlardan başlayarak aşağılara doğru gider ve sonra da Tanrı'nın çocukları kendilerine ayrılmış yerlere giderler.

> *"Artık gece olmayacak. Çıra ışığına da güneş ışığına da gereksinmeleri olmayacak. Çünkü Rab Tanrı onlara ışık verecek ve sonsuzlara dek egemenlik sürecekler"* (Vahiy 22:5).

Yeryüzünde ki tüm zorluk ve sıkıntılara rağmen göklere

umut beslemiş olmanız ne kadar da mutluluk vericidir! Gözyaşı, üzüntü, acı, hastalık ve ölüm olmadan, orada Rab'binizle birlikte sadece mutluluk ve hoşnutlukla sonsuza dek yaşarsınız.

Rab'binizin yanında hüküm süreceğiniz Yedi-yıllık düğün Şöleni ve bin yıllık Mutluluk çağı hakkında çok az şey anlattım. Göklerde ki yaşama bir giriş niteliği taşıyan bu zamanlar bu kadar mutlulukla doluysa, göklerde ki yaşam kim bilir ne kadar daha mutluluk ve sevinçle doludur? Bu nedenle, Rab'bin gelip sizi yanına alacağı vakte kadar göklerde sizin için ayrılmış yerinize ve ödüllerinize doğru koşmalısınız.

Yeryüzünün en kolay yolunu seçmek yerine niçin imanın ataları Rab'be giden dar yolu seçerek onca zorluğa ve sıkıntıya göğüs gerdiler? Günahlarından arınmak için pek çok gece oruç tutup dualar ettiler ve kendilerini tamamen buna adadılar çünkü gökler için umut besliyorlardı. Yaptıkları işleri göklerde ödüllendirecek olan Tanrı'ya inanıyorlardı. Kutsal ve Tanrı'nın evinin her yerinde sadık olabilmek için büyük gayret sarf ettiler.

Bu sebeple, sadece Yedi-Yıllık Düğün Şölenine ortak edilip Rab'bin kollarında olmanız için değil, ama ayrıca gökler için derin bir umut besleyerek Tanrı'nın tahtına yakın olmanız içinde Rab'bimizin adıyla dua ediyorum.

4. Bölüm

Yaratılıştan Beri Saklı olan Göklerin Sırları

1. Göklerin Sırları İsa'nın Zamanından Beri İfşa Edilmektedir

2. Göklerin Zamanın Sonunda İfşa Edilen Sırları

3. Babamın Evinde Kalacak Çok Yer Var

İsa şöyle yanıtladı:
"Göklerin Egemenliği'nin sırlarını
bilme ayrıcalığı size verildi,
ama onlara verilmedi.
Çünkü kimde varsa,
ona daha çok verilecek,
bolluğa kavuşturulacak.
Ama kimde yoksa, elindeki de alınacak.
Onlara benzetmelerle
konuşmamın nedeni budur.
Çünkü, 'Gördükleri halde görmezler,
Duydukları halde duymaz ve anlamazlar.'

İsa bütün bunları halka benzetmelerle anlattı.
Benzetme kullanmadan
onlara hiçbir şey anlatmazdı.
Bu, peygamber aracılığıyla bildirilen
şu söz yerine Gelsin diye oldu:
"Ağzımı benzetmeler anlatarak açacağım,
Dünyanın kuruluşundan beri Gizli kalmış
sırları dile getireceğim."

- Matta 13:11-13; 34-35 -

Bir gün İsa göl kıyısında otururken çevresine büyük bir kalabalık toplandı. Bunun üzerine İsa onlara benzetmelerle birçok şey anlattı. Öğrencileri gelip O'na şu soruyu yönelttiler; *"Halkla neden benzetmeler yoluyla konuşuyorsun?"* İsa şöyle yanıtladı:

"Göklerin Egemenliği'nin sırlarını bilme ayrıcalığı size verildi, ama onlara verilmedi. Çünkü kimde varsa, ona daha çok verilecek, bolluğa kavuşturulacak. Ama kimde yoksa, elindeki de alınacak. Onlara benzetmelerle konuşmamın nedeni budur. Çünkü, 'Gördükleri halde görmezler, Duydukları halde duymaz ve anlamazlar.' Böylece Yeşaya'nın peygamberlik sözü onlar için gerçekleşmiş oldu: 'Duyacak duyacak, ama hiç anlamayacaksınız, Bakacak bakacak, ama hiç görmeyeceksiniz! Çünkü bu halkın yüreği duygusuzlaştı, Kulakları ağırlaştı. Gözlerini kapadılar. Öyle ki, gözleri görmesin, Kulakları duymasın, yürekleri anlamasın Ve bana dönmesinler. Dönselerdi, onları iyileştirirdim. Ama ne mutlu size ki, gözleriniz görüyor, kulaklarınız işitiyor! Size doğrusunu söyleyeyim, nice peygamberler, nice doğru kişiler sizin gördüklerinizi görmek istediler, ama göremediler. Sizin işittiklerinizi işitmek istediler, ama işitemediler" (Matta 13:11-17).

Tıpkı İsa'nın dediği gibi nice peygamberler ve nice doğru

kişiler, göklerin sırlarını görmek ve işitmek istemelerine rağmen ne görebilmiş, ne de işitebilmişlerdir.

Ancak Tanrı özüne sahip olan İsa yeryüzüne geldiğinden (Filipililer 2:6-8), göksel egemenliğin sırlarının öğrencilerine ifşa edilmesine izin verildi.

Matta 13:35'de şöyle denir, *"Bu, peygamber aracılığıyla bildirilen şu söz yerine gelsin diye oldu: 'Ağzımı benzetmeler anlatarak açacağım, Dünyanın kuruluşundan beri Gizli kalmış sırları dile getireceğim.'"* İsa, kutsal metinlerde yazılanları tamamlamak için benzetmelerle konuşmuştur.

1. Göklerin Sırları İsa'nın Zamanından Beri İfşa Edilmektedir

Matta 13'de, göklerle ilgili pek çok benzetmeler vardır. Çünkü ne kadar çok Kutsal Kitap'ı okursanız okuyun, benzetmeler olmadan göklerin sırlarını anlayamaz ve idrak edemezsiniz.

"Göklerin Egemenliği, tarlasına iyi tohum eken adama benzer" (a. 24).

"Göklerin Egemenliği, bir adamın tarlasına ektiği hardal tanesine benzer. Hardal tohumların en küçüğü olduğu halde, gelişince bahçe bitkilerinin boyunu aşar, ağaç olur. Böylece kuşlar gelip dallarında barınır" (a. 31-32).

"Göklerin Egemenliği, bir kadının üç ölçek una karıştırdığı mayaya benzer. Sonunda bütün hamur kabarır" (a. 33).

"Göklerin Egemenliği, tarlada saklı bir defineye benzer. Onu bulan yeniden sakladı, sevinçle koşup gitti, varını yoğunu satıp tarlayı satın aldı" (a. 44).

"Yine Göklerin Egemenliği, güzel inciler arayan bir tüccara benzer. Tüccar, çok değerli bir inci bulunca gitti, varını yoğunu satıp o inciyi satın aldı" (a. 45-46).

"Yine Göklerin Egemenliği, denize atılan ve her çeşit balığı toplayan ağa benzer. Ağ dolunca onu kıyıya çekerler. Oturup işe yarayan balıkları kaplara koyar, yaramayanları atarlar" (a. 47-48).

İsa, benzetmeler yoluyla ruhani hükümranlıkta olan göklerle ilgili vaazlar vermiştir. Gökler, görülemeyen ruhani hükümranlıkta olduğundan, onu ancak benzetmeler yoluyla kavrayabilirsiniz.

Göklerde ebedi bir yaşama sahip olmak için, göklere nasıl sahip olacağınızı, oraya ne tip insanların gireceğini ve ne zaman gerçekleşeceğini bilerek imanda uygun hayatlar sürdürmelisiniz.

Kiliseye gitmenin ve imanlı bir yaşam sürdürmenin nihai hedefi nedir? Kurtulabilmek ve göklere girebilmektir. Uzun bir zaman kiliseye gitmiş olmanıza rağmen göklere giremezseniz, ne kadar acınası bir durumda olacaksınız?

Hatta İsa'nın zamanında bile birçok kişi yasaya uydu ve Tanrı'ya olan inançlarını dile getirdiler ama kurtulabilmek ve göklere girebilmek için yetkin değildiler. Matta 3:2'de Vaftizci Yahya bu sebeple şöyle der, *"Tövbe edin! Göklerin Egemenliği yaklaşmıştır."* ve Rab'bin yolunu hazırlar. Ayrıca Matta 3:11-12'de insanlara İsa'nın Kurtarıcı olduğunu ve Yüce Yargı Gününün Rab'bi olduğunu şöyle diyerek anlatmıştır; *"Gerçi ben sizi tövbe için suyla vaftiz ediyorum, ama benden sonra gelen benden daha güçlüdür. Ben O'nun çarıklarını çıkarmaya bile layık değilim. O sizi Kutsal Ruh'la ve ateşle vaftiz edecek. Yabası elindedir. Harman yerini temizleyecek, buğdayını toplayıp ambara yığacak, samanı ise sönmeyen ateşte yakacak."*

Buna rağmen o zamanın İsraillileri O'nu Kurtarıcıları olarak tanımamakla kalmamış, ama üstüne çarmıha germişlerdir. Bu gün bile Mesih'i bekliyor olmaları ne kadar da üzücü!

Cennettin Sırları Aziz Pavlus'a İfşa Edilmiştir

Her ne kadar Aziz Pavlus İsa'nın ilk on iki havarisinden biri olmasa da, İsa Mesih'i ağzıyla açıkça dile getirmekte kimsenin gerisinde kalmamıştır. Rab ile karşılaşmadan önce Pavlus, yasayı ve ihtiyarların geleneklerini sıkıca yerine getiren bir Ferisili ve ilk Hristiyanlara zulüm edenlerin yanında yer alan, doğuştan Roma vatandaşı bir Yahudi'ydi.

Ancak Şam yolunda Rab'bi görünce tüm fikirlerini değiştirmiş ve Yahudi olmayanların Hristiyanlaşması yolunda odaklanarak pek çok kişiyi kurtuluş yoluna taşımıştır.

Tanrı, Pavlus'un müjdeyi duyurması sebebiyle çok büyük acılar çekeceğini ve zulümlere maruz kalacağını biliyordu. Bu nedenle göklerin olağanüstü sırlarını Pavlus'a ifşa ederek hedefine koşmasını sağlamıştır (Filipililer 3:12-14). Tanrı, Pavlus'un müjdeyi duyururken, gökler için büyük bir memnuniyetle umut beslemesine izin vermiştir.

Eğer Pauline Epistles'i okursanız, Rab'bin ikinci gelişi, kurtulanların havada yakalanışı, göklerde ki oturma yerleri, göklerin görkemi, ebedi ödül ve taçlar, ölümsüz rahip Melkisedek ve İsa Mesih hakkında Kutsal Ruh'un ilhamıyla yazdığını görebilirsiniz.

2. Korintliler 12:1-4'de Pavlus, Tanrı'nın Sözüne göre yaşamayan Korint'te kurmuş olduğu kiliseyle ruhani deneyimlerini paylaşır.

> *"Yararlı olmasa da övünmek gereklidir. Şimdi görümlere ve Rab'bin vahiylerine geleyim. On dört yıl önce alınıp üçüncü göğe götürülmüş bir Mesih izleyicisi tanıyorum. Bu, bedensel olarak mı, yoksa beden dışında mı oldu, bilmiyorum, Tanrı bilir. Evet, bu adamın cennete götürüldüğünü biliyorum; bu, bedensel olarak mı, yoksa bedenden ayrı mı oldu, bilmiyorum, Tanrı bilir. Orada, dille anlatılamaz, insanın söylemesi yasak olan sözler işitti."*

Tanrı, Pavlus'u Yahudi olmayanları Hristiyanlaştırması için seçti, onu ateşle arındırdı ve ona görümler ve vahiyler verdi. Tanrı, tüm zorlukları sevgiyle, imanla ve gökler için beslenen umutla aşmasını sağladı. Örneğin Pavlus, göğün üçüncü katına gittiğini ve on dört yılın öncesinde göklerin sırlarını işittiğini dile getirmiş, ama tüm bunların harikulade olması sebebiyle insanlara söylenmesinin yasak edildiğini belirtmişti.

Havari, Tanrı tarafından çağrılan ve tamamıyla Tanrı'nın isteklerine itaat eden kişidir. Buna rağmen, Korint kilisesi üyeleri arasında sahte öğretmenler tarafından aldatılan ve Aziz Pavlus'u yargılayan üyeler vardı.

O zaman Aziz Pavlus Rab için çekmiş olduğu zorlukları sıraladı ve Korintliler'i Rab'bin güzel gelinleri olmaya ve Tanrı'nın Sözüne göre davranışlar sergilemeye teşvik etmek için ruhani deneyimlerini paylaştı. Bunları paylaşmasının sebebi ruhani deneyimleriyle böbürlenmek değil, ama sadece kendi havarilik görevini savunarak ve teyit ederek Mesih'in kilisesini inşa etmek ve güçlendirmek içindi.

Burada anlamanız gereken, Rab'bin görümleri ve vahiyleri sadece Tanrı'nın gözünde uygun olanlara verdiğidir. Ayrıca, sahte peygamber tarafından aldatılarak Pavlus'u yargılayan Korint kilisesi üyeleri gibi, Tanrı egemenliğini genişletmek ve insanları kurtarmak için çalışan, Tanrı tarafından onaylanmış hiç kimseyi yargılamamalısınız.

Göklerin Havari Yuhanna'ya Gösterilen Sırları

Havari Yuhanna, on iki öğrenciden biriydi ve İsa tarafından oldukça seviliyordu. İsa'nın Kendisi onu sadece "öğrencim" diye çağırmamış, ama ayrıca onu ruhani anlamda besleyerek Kendisine yakinen hizmet etmesini sağlamıştı. Öylesine çabuk kızan biriydi ki ona "gökgürültüsünün oğlu" denirdi. Ancak Tanrı'nın gücüyle dönüşerek sevginin havarisi oldu. Yuhanna, göklerin görkemini arayarak İsa'yı izledi. Yuhanna ayrıca çarmıhta ölmekte olan

İsa'nın son yedi sözünü duyan tek havariydi. Bir havari olarak görevlerine sadıktı ve göklerde büyük bir insan oldu.

Roma İmparatorluğu'nun Hristiyanlara uyguladığı şiddetli zulümlerin neticesi olarak kaynayan yağın içine atıldı, ama ölüm cezasına çarptırılmadı, Patmos adasına sürgüne gönderildi. Orada Tanrı ile derinlemesine iletişim kurdu ve göklerin sırlarıyla dolu Vahiy Kitap'ını kaleme aldı.

Yuhanna, göklerde Tanrı'nın ve Kuzu'nun Tahtı, tapınma ve Tanrı'nın Taht'ının etrafında ki dört yaratık, Yedi-Yıllık Büyük Sıkıntı ve meleklerin rolleri, Kuzu'nun Düğün Şöleni ve Mutluluk Çağı, Büyük Beyaz Tahtın Yargısı, cehennem, göklerde ki Yeni Yeruşalim ve dipsiz karanlıklar gibi birçok ruhani şeyler yazdı.

Havari Yuhanna bu sebeple Vahiy 1:1-3'de, Kitap'ın Rab'bin görüm ve vahiylerini kayıt ettiğini, kendisinin bunları kaleme aldığını, çünkü tüm bunların çok yakın bir zamanda meydana geleceğini belirtir.

> *"İsa Mesih'in vahyidir. Tanrı yakın zamanda olması gereken olayları kullarına göstermesi için O'na bu vahyi verdi. O da gönderdiği meleği aracılığıyla bunu kulu Yuhanna'ya iletti. Yuhanna, Tanrı'nın sözüne ve İsa Mesih'in tanıklığına – gördüğü her şeye – tanıklık etmektedir. Bu peygamberlik sözlerini okuyana, burada yazılanları dinleyip yerine getirene ne mutlu! Çünkü beklenen zaman yakındır."*

"Yakın bir zaman" ibaresi, Rab'bin geri gelişinin yakın bir

zamanda olacağını ima eder. Bu sebeple, iman ile kurtularak göklere girme yetkisine sahip olmak çok önemlidir.

Her hafta sonu kiliseye gitseniz bile, eğer eylemlerin eşlik ettiği imana sahip değilseniz, kurtulamazsınız. İsa size şöyle der, *"Bana, 'Ya Rab, ya Rab!' diye seslenen herkes Göklerin Egemenliği'ne girmeyecek. Ancak göklerdeki Babam'ın isteğini yerine getiren girecektir"* (Matta 7:21). Dolayısıyla, Tanrı'nın Sözüne göre davranışlar sergilemiyorsanız, göklere giremeyecek oluşunuz aşikârdır.

Bu sebeple, havari Yuhanna, gerçekleşecek olay ve kehanetleri, Vahiy 4'den itibaren kısa süre içersinde olacak olayları detaylıca anlatır ve Rab'bin geri geleceğini, kaftanlarınızı yıkamanız gerektiğini söyleyerek sözlerini noktalar.

> *"İşte tez geliyorum! Vereceğim ödüller yanımdadır. Herkese yaptığının karşılığını vereceğim. Alfa ve Omega, birinci ve sonuncu, başlangıç ve son Ben'im. Kaftanlarını yıkayan, böylelikle yaşam ağacından yemeye hak kazanarak kapılardan geçip kente girenlere ne mutlu!"* (Vahiy 22:12-14)

Ruhani anlamda kaftan, bir kişinin yüreği ve eylemleridir. Kaftanını yıkamak demek, kişinin günahlarından tövbe edip, Tanrı'nın isteğine göre yaşamaya çabalaması demektir.

Dolayısıyla Tanrı'nın Sözü'ne göre yaşadığınız büyüklükte göklerin en güzel yeri olan Yeni Yeruşalim'in kapılarından geçebileceksiniz.

Bu sebeple, imanınız ne kadar büyürse, göklerde ki yerinizin de o kadar iyi olacağını idrak etmelisiniz.

2. Göklerin Zamanın Sonunda İfşa Edilen Sırları

İfşa edilen göklerin sırlarını ve Matta 13'de İsa'nın benzetmeleri yoluyla zamanın sonunda meydana gelecek olayları derinlemesine inceleyelim.

Doğruyu Kötüden Ayıracak

Matta 13:47-50'de, İsa Göklerin egemenliğini denize atılan ve her çeşit balığı toplayan bir ağa benzetir. Bu ne demektir?

"Yine Göklerin Egemenliği, denize atılan ve her çeşit balığı toplayan ağa benzer. Ağ dolunca onu kıyıya çekerler. Oturup işe yarayan balıkları kaplara koyar, yaramayanları atarlar. Çağın sonunda da böyle olacak. Melekler gelecek, kötü kişileri doğruların arasından ayırıp kızgın fırına atacaklar. Orada ağlayış ve diş gıcırtısı olacaktır."

Burada "deniz" dünya, "balıklar" inananlar ve ağı suya atıp balık yakalayan ise Tanrı'dır. Öyleyse, Tanrı'nın ağı atıp dolduğunda çıkarması ve iyi balıkları bir kapta toplayıp, kötüleri atması ne demektir? Bu benzetme, zamanın sonunda meleklerin gelerek doğru olanları göklere alacağını ve kötü olanları cehenneme atacağını anlatır.

Bu gün pek çok kişi İsa Mesih'i kabul ettikleri takdirde kesinlikle göklerin egemenliğine gireceklerini düşünürler. Ancak İsa net bir şekilde şöyle der, *"Melekler gelecek, kötü kişileri doğruların arasından ayırıp kızgın fırına atacaklar."* Bu ayette "doğrular" tüm kalpleriyle İsa Mesih'e inananlar ve bu inançlarını eylemleriyle ortaya koyanlardır. Tanrı'nın Sözü'nü bildiğiniz için "doğru" olmazsınız ama ancak ve ancak O'nun buyruklarına itaat edip, O'nun istediği şekilde davranışlar sergilerseniz olursunuz (Matta 7:21).

Kutsal Kitap'ta "yapılması gerekenler," "yapılmaması gerekenler," "tutulması gerekenler" ve "atılması gerekenler" vardır ve sadece Tanrı'nın Sözü'ne göre yaşayanlar "doğru" kişilerdir ve onlar imanla yaşadıkları için ruhani sayılırlar. Genel olarak doğru oldukları söylenen kişiler vardır, ama onlar ya insanların ya da Tanrı'nın gözünde "doğru" olarak sınıflandırılırlar. Dolayısıyla, insanların ve Tanrı'nın doğruluğu arasında ki ayrımı fark edebilmeli ve Tanrı'nın nazarında doğru insanlar olmalısınız.

Mesela kendinin doğru olduğunu düşünen bir insan çalarsa onu kim doğru olarak kabul eder? Kendilerini "Tanrı'nın çocukları" olarak adlandıran insanlar günah işlemeye devam ederse ve Tanrı'nın sözüne göre yaşamazsa, "doğru" kişiler oldukları söylenemez. Bu tarz kişiler "doğruların" arasında ki kötü insanlardır.

Göksel Bedenlerin Her Birinin Farklı Görkemi

İsa Mesih'i kabul eder ve Tanrı'nın Sözü'ne göre yaşarsınız göklerde tıpkı bir güneş gibi parlarsınız. Aziz Pavlus, 1. Korintliler 15:40-41'de göklerin sırlarını detaylıca yazar.

"Göksel bedenler vardır, dünyasal bedenler

vardır. Göksel olanların görkemi başka, dünyasal olanlarınki başkadır. Güneşin görkemi başka, ayın görkemi başka, yıldızların görkemi başkadır. Görkem bakımından yıldız yıldızdan farklıdır."*

Kişi göklere sadece imanla sahip olacağından, kişinin imanının ölçüsüne göre göklerin görkeminin de farklı olacağı apaçık ortadır. Bu sebeple, güneşin, ayın ve yıldızların görkemleri ve hatta yıldızların bile birbiri arasında ki görkemleri, parlaklık ölçüsü farklıdır.

Şimdi Matta 13:31-32'de ki hardal tanesi benzetmesiyle göklerin diğer bir sırrına bakalım.

"İsa onlara bir benzetme daha anlattı: 'Göklerin Egemenliği, bir adamın tarlasına ektiği hardal tanesine benzer' dedi. Hardal tohumların en küçüğü olduğu halde, gelişince bahçe bitkilerinin boyunu aşar, ağaç olur. Böylece kuşlar gelip dallarında barınır."

Bir hardal tanesi, kalemle bırakılan bir nokta kadar küçüktür. Ama bu küçücük tohum, kuşların gelip barınacağı koca bir ağaç olur. Öyleyse İsa, hardal tanesiyle ilgili bu benzetmeyle bizlere neyi öğretmek istedi? Bundan çıkarılacak ders, göklerin imanla elde edilebileceği ve imanın farklı ölçüleri olduğudur. Dolayısıyla şu anda "kıt" imanınız olsa bile onu "büyük" bir imana dönüştürmek için besleyebilirsiniz.

Hatta Bir Hardal Tanesi Kadar Küçük İmanla

Matta 17:20'de İsa, *"İmanınız kıt olduğu için; Size doğrusunu söyleyeyim, bir hardal tanesi kadar imanınız olsa şu dağa, 'Buradan şuraya göç' derseniz, göçer; sizin için imkânsız bir şey olmayacaktır."* dedi. Öğrencilerinin "İmanımızı artır!" talebine karşılık verdiği yanıtta İsa şöyle demiştir, *"Bir hardal tanesi kadar imanınız olsa, şu dut ağacına, 'Kökünden sökül ve denizin içine dikil' derseniz, o da sözünüzü dinler"* (Luka 17:5-6).

Öyleyse bu ayetlerin ruhani anlamları nedir? Bir hardal tanesi kadar küçük olan iman büyüdüğünde ve büyük bir iman haline geldiğinde, hiç bir şey imkânsız değildir. Kişi, İsa Mesih'i kabul ettiği zaman, ona bir hardal tanesi kadar küçük iman verilir. Bu tohumu yüreğine ektiğinde tomurcuklanır. Kuşların gelip barındığı koca bir ağaç misali büyük bir imana dönüştüğünde, kişi tıpkı İsa'nın ortaya koyduğu körün gözünü açmak, sağırın duymasını sağlamak, dilsizi konuşturmak ve ölüyü diriltmek gibi Tanrı'nın gücünün eserlerini icra edebilecektir.

Eğer imanınız olduğunu düşünüyor, ama Tanrı'nın eserlerini gösteremiyor ve hala aileniz ya da işinizle ilgili sorunlar yaşıyorsanız, bunun nedeni bir hardal tanesi kadar küçük olan imanınızın koca bir ağacın seviyesine erişmemiş olmasıdır.

Ruhani İmanın Büyüme Süreci

1. Yuhanna 2:12-14'de havari Yuhanna ruhani imanın büyüme sürecinden kısaca bahseder.

"Yavrularım, size yazıyorum, Çünkü Mesih'in adı uğruna günahlarınız bağışlandı. Babalar, size yazıyorum, Çünkü başlangıçtan beri var Olan'ı tanıyorsunuz. Gençler, size yazıyorum, Çünkü kötü olanı yendiniz. Çocuklar, size yazdım, Çünkü Baba'yı tanıyorsunuz. Babalar, size yazdım, Çünkü başlangıçtan beri var Olan'ı tanıyorsunuz. Gençler, size yazdım, çünkü güçlüsünüz, Tanrı'nın sözü içinizde yaşıyor, Kötü olanı yendiniz."

İmanın büyümesinde bir süreç işlediğini kavramalısınız. İmanınızı geliştirmeli ve zamanın çok öncesinden bu yana var olan Tanrı'yı bilebilmek için babaların imanına sahip olmalısınız. İsa Mesih'e inanmalarından dolayı günahları bağışlanan çocukların imanıyla tatmin olmamalısınız.

Matta 13:33'de İsa başka bir benzetmeyle anlatır, *"Göklerin Egemenliği, bir kadının üç ölçek una karıştırdığı mayaya benzer. Sonunda bütün hamur kabarır."*

Bu sebeple, bir hardal tanesi kadar küçük imanın büyük bir imana dönüşmesinin, tüm hamur üzerinde olabildiğince hızlı sonuç veren maya gibi gerçekleştiğini anlamalısınız. 1. Korintliler 12:9'de dendiği gibi, iman Tanrı'nın verdiği ruhani bir armağandır.

Elinizde Olan Her şeyle Gökleri Satın Almak

Gökleri elde edebilmek için hakiki bir çabaya ihtiyacınız vardır, çünkü göklere ancak imanla sahip olunur ve imanın büyümesi içinde bir süreç işler. Bu dünyada bile gerek zenginlik, gerekse ün için çok çabalamak zorundasınız. Bir ev sahibi olmak için yeterli parayı kazanmak uğruna verdiğiniz tüm çabalardan bahsetmiyorum bile. Sonsuza dek elinizde tutamayacağınız tüm bu şeyleri satın almak ve muhafaza etmek için çok çalışmak zorundasınız. Sonsuza dek sahip olacağınız göklerde ki görkem ve oturma yerini elde etmek için ne kadar daha fazla çalışmak zorundasınız?

İsa, Matta 13:44'de şöyle der, *"Göklerin Egemenliği, tarlada saklı bir defineye benzer. Onu bulan yeniden sakladı, sevinçle koşup gitti, varını yoğunu satıp tarlayı satın aldı."* Matta 13:45-46'de devam eder, *"Yine Göklerin Egemenliği, güzel inciler arayan bir tüccara benzer. Tüccar, çok değerli bir inci bulunca gitti, varını yoğunu satıp o inciyi satın aldı."*

Öyleyse, tarlada saklı define ve değerli inci ile ilgili benzetmeler yoluyla ifşa edilen göklerin sırları nelerdir? İsa, genellikle günlük yaşamda kolayca bulunan objeleri kullanarak benzetmelerle anlattı. Şimdi "tarlada saklı define" ile ilgili benzetmeye bakalım.

Günlük yevmiyeyle yaşamını sürdüren fakir bir çiftçi vardı. Bir gün komşusunun ricasıyla işe gitti. Çiftçiye, uzun zamandır kullanılmadığı için toprağın verimsiz olduğu söylendi, ama komşusu toprağı o şekilde bırakmamak için kendisinden meyve ağaçları dikmesini istedi. Çiftçi işi yapmayı kabul etti. Bir gün toprağı temizlerken, küreğinin ucuna sert bir cisim çarptı. Hemen kazmaya başladı ve toprağın altında yüklü bir define buldu. Defineyi keşfeden çiftçi, ona sahip olabilmenin yollarını düşünmeye başladı. Definenin saklı olduğu toprağı satın almaya karar verdi ve toprak zaten verimsiz olduğundan sahibinin zorluk çıkarmadan kendisine satacağına düşündü.

Çiftçi evine döndü, sahip olduğu her şeyi bir yerde topladı ve mal varlıklarını satmaya başladı. Sahip olduğu şeyleri satmaktan hiç bir üzüntü duymuyordu, çünkü elinde olanlardan çok daha fazla eden defineyi bulmuştu.

Tarlada Saklı Olan Define Benzetmesi

Tarlada saklı olan define benzetmesinden ne anlamanız gerekiyor? Dört yönden tarlada saklı define benzetmesinin ruhani anlamına bakarak göklerin sırlarını anlamanızı umut ediyorum.

İlk olarak, tarla yüreğiniz, define ise göklerdir. Anlamı, bir define olan göklerin yüreğinizde saklı olduğudur.

Tanrı, insanları ruh, can ve bedenden yarattı. Ruh, insanın Tanrı ile iletişimini sağlayan efendisiydi. Can, ruhun emirlerine itaat etmek için, beden ise hem ruhun, hem de canın evi olarak yaratıldı. Bu sebeple, Yaratılış 2:7'de söylendiği gibi, insan yaşayan bir varlıktı.

Ancak ilk insan Âdem'in itaatsizlik günahını işlediği zamandan beri, insanın efendisi olan ruh ölüdür ve can, efendi rolünü ele almıştır. Bundan sonra insanlar günahın kucağına daha çok düşmüş ve ölümün yoluna girmişlerdir, çünkü Tanrı ile iletişim kurabilme özelliğini yitirmişlerdir. Artık şeytanın ve iblisin kontrolü altında olan canın insanları olmuşlardır.

Bunun için sevgi Tanrı'sı Tek ve Yegâne oğlu İsa'yı yeryüzüne göndermiş, insan ırkını günahlarından temizlemek için çarmıhta kanını dökerek kurban edilmesine izin vermiştir. Bu sebeple,

Kutsal Tanrı'nın çocukları olabilmek ve Tanrı ile tekrar iletişim kurabilmek için kurtuluş yolu açılmıştır.

Dolayısıyla her kim İsa Mesih'i kişisel Kurtarıcısı olarak kabul ederse, Kutsal Ruh'u alır ve içinde ki ruh canlanır. Ayrıca Tanrı'nın bir çocuğu olma hakkını elde eder ve yüreği sevinçle dolar.

Bunun anlamı, ruhun Tanrı ile iletişim kurmak için geri geldiği ve yine insanın efendisi olarak can ile bedeni kontrol ettiğidir. Ayrıca kişinin Tanrı'dan korkması, kendisine verilen vazifeleri yerine getirmesi ve Tanrı'nın sözüne itaat etmesi anlamına da gelir.

Bu sebeple, ruhun canlanması, bir tarlada saklı bir defineyi bulmakla aynıdır. Gökler, bir tarlada saklı define gibidir, çünkü şu anda yüreğinizde mevcuttur.

İkinci olarak, bir tarlada saklı bir define bularak sevinç içinde olan adam, İsa Mesih'i kabul edip, Kutsal Ruh'u aldıktan sonra ölü ruhun canlanmasıyla yüreğinde ki gökleri fark eden ve mutluluk duyan kişidir.

Matta 11:12'de İsa şöyle der, *"Vaftizci Yahya'nın ortaya çıktığı günden bu yana Göklerin Egemenliği zorlanıyor, zorlu kişiler onu ele geçirmeye çalışıyor."* Havari Yuhanna Vahiy 22:14'de ayrıca şöyle yazmıştır, *"Kaftanlarını yıkayan, böylelikle yaşam ağacından yemeye hak kazanarak kapılardan geçip kente girenlere ne mutlu!"*

Bundan öğreneceğiniz şey, İsa Mesih'i kabul eden herkesin göksel egemenlikte aynı yere gitmeyeceğidir. Rab'bi yansıttığınız ve doğru olduğunuz ölçüde göklerde en güzel oturma yerini miras alacaksınız.

Bu sebeple, Tanrı'yı seven ve gökler için umut besleyenler her şeyde Tanrı'nın Sözü'ne göre davranışlar sergileyecek ve içlerinde ki tüm kötülüğü atarak Rab'bi yansıtacaklardır.

İçinde sadece iyilik ve gerçek olan göklerle yüreğinizi doldurduğunuz ölçüde göksel egemenliği elde edeceksiniz. Hatta bu dünyada bile yüreğinizde göklerin olduğunu idrak ederseniz, sevinç içinde olacaksınız.

İsa Mesih ile ilk karşılaşmanızda yaşadığınız böylesi bir sevinçtir. Eğer kişi ölümün yolunda gitmek üzereyken İsa Mesih yoluyla gerçek yaşamı ve ebedi gökleri elde ederse, ne kadar da sevinç içinde olacaktır! Ayrıca şükranla dolu da olacaktır, çünkü yüreğinde göksel egemenliğe inanabilir. Dolayısıyla, bir tarlada saklı bir define bulan adamın sevinci, İsa Mesih'i kabul eden ve yüreğinde göksel egemenliğe sahip olan adamın sevincidir.

Üçüncü olarak, bulduktan sonra defineyi tekrar saklamak, kişinin ölü ruhunun canlanması ve Tanrı'nın isteğine göre yaşamak istemesi, ama Tanrı Sözü'ne göre yaşayacak kudreti almadığından kararlılığını gerçekten eyleme dönüştürememesidir.

Çiftçi, defineyi çıkarmamıştır. Önce sahip olduğu her şeyi satmak ve sonra satın almak zorundaydı. Aynı şekilde göklerin ve cehennemin olduğunu ve İsa Mesih'i kabul ettiğinizde göklere nasıl gireceğinizi bilseniz dahi, Tanrı sözünü duyar duymaz eylemlere dökemezsiniz.

İsa Mesih'i kabul etmeden önce Tanrı'nın Sözü'ne karşı olan, doğruluktan sapmış bir hayat sürdürdüğünüzden kalbinizde hala doğruluk dışı olma durumu fazlasıyla mevcuttur. Ancak Tanrı'ya olan inancınızı dile getirirken yüreğinizden gerçek dışı olan her şeyi silip atmazsanız, Tanrı'nın Sözü'ne göre yaşamamanız için şeytan sizi karanlığa doğru sürüklemeye devam edecektir. Tıpkı neyi varsa tarlayı satın almak için satan çiftçi gibi, sizde yüreğinizde ki defineyi, zihninizde ki gerçek dışılığı uzaklaştırarak ve Tanrı'nın istediği gibi doğru bir yüreğe sahip olarak elde edebilirsiniz.

Dolayısıyla, Tanrı'ya bağlı kalarak ve tam bir adamışlıkla dua ederek Tanrı'nın Sözü olan gerçeği izlemelisiniz. Ancak o zaman gerçek dışılık atılacak ve Tanrı'nın Sözü'ne göre davranışlar sergileyecek ve yaşayacak gücü alacaksınız. Göklerin bu tip kişiler için olduğunu aklınızda tutmalısınız.

Dördüncü olarak, sahip olduğu her şeyi satmak demek, ölü ruhun tekrar canlanıp insanın efendisi olması için, cana ait tüm gerçek dışılığı yok etmek demektir.

Ölü ruh canlandığında, göklerin olduğunun farkına varırsınız. Cana ait olan ve şeytan tarafından kontrol edilen gerçek dışılığın tüm düşüncelerini yok ederek ve eylemlerin eşlik ettiği imana sahip olarak gökleri elde etmelisiniz. Bu, civcivin kabuğunu kırarak dünyaya gelmesiyle aynı ilkedir.

Bu sebeple, tamamen göklere sahip olmak için benliğin tüm eylemlerini ve tutkularını söküp atmalısınız. İlaveten, tamamen Rab'bin Tanrı özünü anımsatan tüm bir ruhun insanı olmalısınız (1. Selanikliler 5:23).

Benliğin eylemleri, yürekte ki kötülüğün eylemler şeklinde dışa vurumudur. Benliğin tutkuları, henüz eyleme dönüşmemiş olsa bile her an eyleme dönüşebilecek olan yürekte ki günahın doğasıdır. Örneğin, eğer kalbinizde nefret varsa ve bu nefret bir başkasına vurmanızla eyleme dönüşürse, buna benliğin eylemi denir.

Galatyalılar 5:19-21 kesin olarak şöyle ifade eder, *"Benliğin işleri bellidir. Bunlar fuhuş, pislik, sefahat, putperestlik, büyücülük, düşmanlık, çekişme, kıskançlık, öfke, bencil tutkular, ayrılıklar, bölünmeler, çekememezlik, sarhoşluk, çılgın eğlenceler ve benzeri şeylerdir. Sizi daha önce uyardığım gibi yine uyarıyorum, böyle davrananlar Tanrı Egemenliği'ni miras alamayacaklar."*

Ayrıca Romalılar 13:13-14 bize şunları söyler, *"Çılgınca eğlenceye ve sarhoşluğa, fuhşa ve sefahate, çekişmeye ve kıskançlığa kapılmayalım. Gün ışığında olduğu gibi, saygın bir yaşam sürelim. Rab İsa Mesih'i kuşanın. Benliğinizin tutkularına uymayı düşünmeyin."* ve Romalılar 8:5 şöyle der, *"Benliğe uyanlar benlikle ilgili, Ruh'a uyanlarsa Ruh'la ilgili işleri düşünürler."*

Bu sebeple, sahip olduğunuz her şeyi satmak demek, canınızda Tanrı'nın Sözü'ne aykırı olan tüm gerçek dışılığı yok etmeniz, Tanrı'nın Sözü karşısında doğru olmayan benliğin eylem ve tutkularını söküp atmanız ve Tanrı'dan daha fazla sevdiğiniz tüm şeyleri kendinizden uzaklaştırmanız demektir.

Günahlarınızı ve kötülüğü bu şekilde söküp atmaya devam ederseniz, ruhunuz her geçen gün daha da canlanır ve Kutsal Ruh'un peşi sıra Tanrı'nın Sözü'ne göre yaşayabilirsiniz. Sonunda ruh'un insanı olur ve Mesih'te ki Tanrı özüne sahip olabilirsiniz (Filipililer 2:5-8).

Yüreğinizde Ne Kadar Çok Başarırsanız, Gökler O Kadar Sizin Olur

İmanla göklere sahip olan kişi, sahip olduğu her şeyi satarak gökleri kazanan kişidir. Nihayetinde Rab döndüğü zaman, bir gölge gibi olan gökler gerçek olur ve kişi ebedi göklere sahip olur. Göklere sahip olan kişi, yeryüzünde sahip olduğu her şeyi elden çıkarmış olsa bile en zengin kişidir. Ancak göklere sahip olmayan kişi, bu dünyada her şeye sahip olsa bile gerçekte hiç bir şeyi olmayan en fakir kişidir. Çünkü ihtiyacınız olan her şey İsa Mesih'tedir ve İsa Mesih'in dışında olan her şey değersizdir. Ölümden sonra sadece ebedi yargı gelir.

Bu sebeple Matta mesleğini bırakarak İsa'yı izlemiştir. Yine bu sebeple Petrus, teknesini ve ağını bırakarak İsa'nın peşi sıra gitmiştir. Hatta Aziz Pavlus İsa Mesih'i kabul ettikten sonra her şeyi değersiz saymıştır. Tüm bu havarilerin bunu yapabilmelerinin sebebi, bu dünya da her şeyden daha değerli olan defineyi bulmayı ve onu çıkarmayı istemeleridir.

Aynı şekilde sizlerde gerçek söze itaat ederek eylemlerin eşlik ettiği imanınızı göstermeli ve Tanrı'ya karşı olan tüm gerçek dışılığı söküp atmalısınız. Bu güne dek yüreğinizde define olarak gördüğünüz inatçılık, kibir ve gurur gibi tüm gerçek dışılığı satarak yüreğinizde göksel egemenliği başarmalısınız.

Böylece, bu dünyaya ait şeyleri aramamalı ama yüreğinizde ki gökleri ortaya çıkarmak için sahip olduğunuz her şeyi satmalı ve ebedi göksel egemenliği miras almalısınız.

3. Babamın Evinde Kalacak Çok Yer Var

Yuhanna 14:1-3'de göklerde kalacak çok yer olduğunu ve İsa Mesih'in göklerde size yerlerinizi hazırlamak için gittiğini görebilirsiniz.

> *"Yüreğiniz sıkılmasın. Tanrı'ya iman edin, bana da iman edin. Babam'ın evinde kalacak çok yer var. Öyle olmasa size söylerdim. Çünkü size yer hazırlamaya gidiyorum. Gider ve size yer hazırlarsam, siz de benim bulunduğum yerde olasınız diye yine gelip sizi yanıma alacağım."*

Rab Size Göksel Yerlerinizi Hazırlamak için Gitmiştir

İsa, çarmıha gerilmek üzere yakalanmadan biraz önce öğrencilerine meydana gelecek bazı olayları anlatmıştır. Yahuda İskaryot'un ihanetini, Petrus'un inkârını ve İsa'nın ölümünü duyduktan sonra endişe içinde olan Öğrencilerini göklerde ki yerleri anlatarak teselli etmiştir.

Bu sebeple şöyle demiştir, "Babam'ın evinde kalacak çok yer var. Öyle olmasa size söylerdim. Çünkü size yer hazırlamaya gidiyorum." İsa çarmıha gerilmiş, gerçekten üç gün sonra dirilerek ölümün yetkisini kırmıştır. Ve kırk gün sonra birçok insanın gözleri önünde göklere, size yerler hazırlamak üzere yükselmiştir.

Öyleyse, "size yer hazırlamaya gidiyorum?" demek ne demektir? 1. Yuhanna 2:2'de yazıldığı gibi, *"[İsa] O günahlarımızı, yalnız bizim günahlarımızı değil, bütün dünyanın günahlarını da bağışlatan kurbandır."* Bunun anlamı, herkes göklere imanla sahip olabilsin diye, Tanrı ile insan arasında ki günah duvarını İsa'nın yıktığıdır.

İsa Mesih olmadan, sizinle Tanrı arasında ki günah duvarı yıkılamazdı. Eski Ahit'te bir adam günah işlediğinde, günahlarından arınmak için bir hayvanı kurban ederdi. Ama İsa sizin günahlarınızdan bağışlanmanızı ve kendini sonsuza dek geçerli tek bir kurban olarak sunarak kutsal olmanızı sağlamıştır (İbraniler 10:12-14).

Sadece İsa Mesih'in aracılığıyla sizin ve Tanrı'nın arasına örülmüş günah duvarı yıkılabilir, göksel egemenliğe girerek kutsamalara nail olabilir ve güzel ve mutlu ebedi yaşamın tadına varabilirsiniz.

Babamın Evinde Kalacak Çok Yer Var

Yuhanna 14:2'de İsa şöyle der, *"Babam'ın evinde kalacak çok yer var. Öyle olmasa size söylerdim. Çünkü size yer hazırlamaya gidiyorum."* Herkesin kurtulmasını arzulayan Rab'bin yüreği bu ayetlerde erir. Bu arada İsa'nın "göksel egemenlik" yerine, "Babamın evinde" demesinin nedeni nedir? Çünkü Tanrı "vatandaşlar" değil, ama bir Baba olarak sonsuza dek sevgisini paylaşacağı "çocukları" olmasını arzu eder.

Gökler, Tanrı tarafından yönetilir ve orası imanla kurtulan herkesi kucaklayacak kadar büyüktür. Ayrıca bu dünya ile mukayese edilemeyecek kadar güzel ve olağanüstü bir yerdir. Büyüklüğü tasavvur bile edilemez olan göksel egemenlikte en güzel ve en görkemli yer, Tanrı'nın Tahtının olduğu Yeni Yeruşalim'dir. Nasıl Kore'nin başkenti Seul'da Cumhurbaşkanının yaşadığı Mavi Saray ve Amerika'nın başkentinde Amerikan başkanının yaşadığı Beyaz Saray varsa, Yeni Yeruşalim'de de Tanrı'nın Tahtı vardır.

Öyleyse Yeni Yeruşalim nerededir? Göksel egemenliğin ortasındadır ve Tanrı'yı hoşnut eden imanlı insanların sonsuza dek yaşayacağı bir yerdir. Buna karşılık göksel egemenliğin en dışında kalan yer, cennettir. İsa'nın bir yanında çarmıha gerilen ve İsa Mesih'i kabul ederek kurtulan suçlu gibi, sadece İsa Mesih'i kabul edenler ve göksel egemenlik için hiç bir şey yapmayanlar oraya giderler.

Gökler İmanın Ölçüsüne Göre Verilir

Tanrı neden Çocukları için göklerde yerler hazırlamıştır? Tanrı adildir ve ne ekerseniz onu biçmenize izin verir (Galatyalılar 6:7), ve herkese yaptıklarının karşılığını verir (Matta 16:27; Vahiy 2:23). Bu nedenle imanın ölçüsüne göre göklerde yerler hazırlamıştır.

Romalılar 12:3 şunu der, *"Tanrı'nın bana bağışladığı lütufla hepinize söylüyorum: Kimse kendisine gereğinden çok değer vermesin. Herkes Tanrı'nın kendisine verdiği iman ölçüsüne göre düşüncelerinde sağduyulu olsun."*

Bu nedenle, göklerde herkesin yeri ve görkeminin imanlarının ölçüsüne göre farklılıklar göstereceğini anlamalısınız.

Tanrı'nın kalbini yansıttığınız ölçüye bağlı olarak, göklerde ki yeriniz belirlenecektir. Ebedi göklerde ki yeriniz, ruhani bir insan olarak yüreğinizde gökleri ne kadar ortaya çıkardığınıza bağlı olarak hükme bağlanacaktır.

Örneğin, bir çocukla yetişkinin bir spor olayında ya da

tartışma da yarıştığını söyleyelim. Çocuklarla yetişkinlerin dünyası birbirlerinden o kadar çok farklıdır ki çocuklar kısa zamanda yetişkinlerle olmaktan sıkılırlar. Çocukların düşünce şekilleri, dilleri ve eylemleri yetişkinlerden çok farklıdır. Çocukların çocuklarla oynaması, gençlerin gençlerle ve yetişkinlerinde yetişkinlerle zaman harcaması eğlencelidir.

Ruhani açıdan da bu böyledir. Herkesin ruhu farklı olduğundan, sevgi Tanrı'sı imanın ölçüsüne göre göklerde ki yerleri ayırmıştır ki Çocukları mutluluk içinde yaşasınlar.

Rab Göksel Yerleri Hazırladıktan Sonra Döner

Yuhanna 14:3'de Rab, göklerde ki yerlerinizi hazırladıktan sonra geri geleceğine ve sizleri göksel egemenliğe alacağına söz verir.

Vakti zamanında Tanrı'nın lütuflarını alan ve sadık olduğu için göklerde pek çok ödüle layık olan bir adam olduğunu farz edin. Ama bu kişi yeryüzüne yönelir ve kurtuluş yolundan saparsa, kendini cehennemde bulur. Ve onun göksel ödülleri değersiz olacaktır. Hatta cehenneme gitmese bile, ödülleri hala hiç bir şey ifade etmeyecektir.

Zamanında sadık olmasına rağmen bazen Tanrı'yı yüceltmeyerek hayal kırıklığına uğratırsa veya ilerleme kaydetmesi gerekirken Hristiyan yaşantısında aynı seviyede kalıyorsa, ödülleri yitip gidecektir.

Rab, sadık bir şekilde göksel egemenlik için çalıştığınız ve çabaladığınız her şeyi hatırlar. Ayrıca yüreğinizin sünnetini gerçekleştirerek onu Kutsal Ruh'ta kutsal hale getirirseniz, geri geldiğinde Rab ile birlikte olacak ve göklerde güneş gibi parlayan bir yerde kalarak kutsanacaksınız. Rab, Tanrı'nın tüm çocuklarının mükemmel olmasını arzuladığından şöyle demiştir, "Gider ve size yer hazırlarsam, siz de benim bulunduğum yerde olasınız diye yine gelip sizi yanıma alacağım." İsa, bu umut dolu söze sıkı sıkı tutunarak, Rab nasıl temiz ise, sizin de kendinizi öyle temiz tutmanızı ister.

İsa, Tanrı'nın isteğini tamamen yerine getirdiği ve O'nu büyük ölçüde yücelttiği zaman, Tanrı'da O'nu yücelterek, O'na, "Kralların Kralı, Rablerin Rab'bi" adını vermiştir. Aynı yolla, bu dünya da Tanrı'yı ne kadar yüceltirseniz, Tanrı'da sizi o ölçüde görkeme taşır. Tanrı'yı anımsattığınız ve O'nun tarafından sevildiğiniz ölçüde, göklerde Tanrı'nın Tahtına yakın yaşayacaksınız.

Göklerde ki yerler tıpkı güveylerini bekleyen gelinler gibi Tanrı'nın çocuklarını, yani efendilerini beklerler. Bu sebeple, havari Yuhanna Vahiy 21:2'de şöyle yazmıştır, *"Kutsal kentin, yeni Yeruşalim'in gökten, Tanrı'nın yanından indiğini gördüm. Güveyi için hazırlanmış süslü bir gelin gibiydi."*

Bu dünya da güzel bir gelinin verdiği hizmetlerin hiç biri, göklerde ki yerlerin rahatlığı ve mutluluğuyla mukayese bile edilemez. Göklerde ki evlerin her şeyi vardır ve sonsuza dek mutluluk içinde yaşasınlar diye efendilerinin akıllarından geçeni okuyarak her şeyi sağlarlar.

Özdeyişler 17:3 şöyle der, *"Altın ocakta, gümüş potada arıtılır, Yüreği arıtansa RAB'dir."* Bu sebeple, Tanrı'nın insanları gerçek Çocukları yapmak için arıttığını anlamanız, Yeni Yeruşalim'in umuduyla kendinizi kutsallaştırmanız ve Tanrı'nın evinin her yerinde sadık kalarak var gücünüzle göklere doğru yol almanız için Rab'bin adıyla dua ediyorum.

5. Bölüm

Göksel Egemenlikte Nasıl Yaşayacağız?

1. Göksel Egemenlikte ki Yaşam Biçimine Genel Bakış

2. Göksel Egemenlikte Giyim

3. Göksel Egemenlikte Yemek

4. Göksel Egemenlikte Ulaşım

5. Göksel Egemenlikte Eğlence

6. Göksel Egemenlikte İbadet, Eğitim ve Kültür

*Göksel bedenler vardır,
dünyasal bedenler vardır.
Göksel olanların görkemi başka,
dünyasal olanlarınki başkadır.
Güneşin görkemi başka,
ayın görkemi başka,
yıldızların görkemi başkadır.
Görkem bakımından yıldız
yıldızdan farklıdır.*
- 1. Korintliler 15:40-41 -

Göklerde ki mutluluk, yeryüzünde ki en iyi ve en hoşnut edici şeylerle bile mukayese edilemez. Ufkun manzarası altında sevdiklerinizle bir kumsalda hoşça vakit geçiriyorsanız bile, bu anlık bir mutluluktur ve gerçek değildir. Zihninizin bir köşesinde günlük yaşantınıza döndüğünüzde yüzleşeceğiniz endişeler hala vardır. Böyle bir yaşantıyı bir ya da iki ay veya bir ya da iki sene sürdürseniz, kısa zamanda sıkılır ve yeni bir şeyler ararsınız.

Ama her şeyin bir kristal gibi berrak ve güzel olduğu göklerde ki yaşam, mutluluğun ta kendisidir çünkü her şey sürekli olarak yeni, gizemli, sevinç ve mutlulukla doludur. Baba olan Tanrı ve Rab ile hoşça vakit geçirebilir veya hobilerinizi, sevdiğiniz oyunları ve istediğiniz kadar ilgili çekici diğer şeylerin tadına varabilirsiniz. Göklere gittiklerinde Tanrı'nın çocuklarının nasıl yaşayacaklarına bakalım.

1. Göksel Egemenlikte ki Yaşam Biçimine Genel bakış

Fiziksel bedenleriniz, ruh, can ve bedenden meydana gelen göksel bedenlere dönüştüğünden, yeryüzünde ki eşinizi, çocuklarınızı ve ebeveynlerinizi tanıyabileceksiniz. Ayrıca bu dünyada ki çobanınızı veya sürünüzü de tanıyabilecek ve yeryüzünde unutulmuş olanları hatırlayacaksınız. Çok akıllı olacaksınız çünkü Tanrı'nın isteğini idrak edip anlayabileceksiniz.

Bazıları şu soruyu merak edip sorabilirler: "Tüm günahlarım

göklerde gözler önüne serilecek mi?" Hayır. Eğer çoktan tövbe ettiyseniz, Tanrı'da sizin günahlarınızı değil (Mezmurlar 103:12), ama sadece iyi eylemlerinizi hatırlayacak, çünkü göklere gidene kadar günahlarınızın hepsi çoktan bağışlanmış olacak.

Öyleyse göklere gittiğinizde nasıl değişecek ve nasıl bir hayat süreceksiniz?

Göksel Beden

Yeryüzünde ki insanların ve hayvanların kendilerine mahsus görünüşleri vardır ve dolayısıyla her canlı ister fil, ister aslan ya da kartal ve isterse insan olsun hemen tanınır.

Üç-boyutlu dünyada nasıl her bedeninin kendisine mahsus bir görünüşü varsa, dört-boyutlu dünyanın da kendine özgü bir bedeni vardır. Buna göksel beden deriz. Göklerde birbirinizi bu şekilde tanırsınız. Öyleyse göksel beden nasıl görünecek?

Rab, havada belirdiğinde, her biriniz ruhani beden olan dirilmiş bedenlere dönüşeceksiniz. Bu dirilmiş beden, Büyük Yargı Gününden sonra çok daha yüksek seviyede olan göksel bedene dönüşür. Her bireyin elde etmiş olduğu ödüle göre, bu göksel bedenlerden yayılan ışığın görkemi de farklı olacaktır.

Tıpkı dirildikten sonra İsa'nın bedeni gibi, göksel bir bedeninde kemikleri ve eti vardır (Yuhanna 20:27). Ancak ruh, can ve çürümeyen bedenden meydana gelen yepyeni bir vücuttur. Çürüyen bedenlerimiz, Tanrı'nın Sözü ve gücüyle yeni bir vücuda dönüşür.

Sonsuza dek çürümeyen kemik ve etten meydana gelen göksel beden parlayacaktır, çünkü tazelenmiş ve temizdir. Hatta biri bacağını yada kolunu kaybetmiş olsa bile, göksel beden mükemmel bir beden olarak kendini onaracaktır.

Göksel beden bir gölge gibi soluk değildir ama net bir şekli vardır ve ne zamanın ne de uzayın kontrolü altındadır. Bu sebeple İsa, dirildikten sonra öğrencilerinin önünde belirmiş ve özgürce duvarların içinden geçebilmişti (Yuhanna 20:26).

Yeryüzünde ki bedenler yaşlandıkça kırışır ve sarkar, ama göksel bedenler çürümedikleri için taptazedir. Dolayısıyla, gençliği her daim muhafaza eder ve bir güneş gibi parlarlar.

33 Yaşı

Pek çok kişi göksel bedenlerin bir yetişkinin ki kadar büyük mü yoksa bir çocuğun ki kadar küçük mü olduğunu merak ederler. İnsanlar ister yaşlı, isterse genç ölmüş olsunlar, göklerde hepsinin yaşı, İsa'nın yeryüzünde çarmıha gerildiği yaş olan 33'tür.

Tanrı neden göklerde hepimizin sonsuza dek 33 yaşında yaşamasına izin verir? Nasıl güneş öğle saatinde doruktaysa, 33 yaşı da bir insanın hayatının doruk noktasıdır.

30 yaşından genç olanlar biraz daha deneyimsiz ve yeterince olgun değilken, 40 yaşından büyük olanlarda yaşlandıkça enerjilerini kaybederler. Ancak 33 yaş arasında insanlar her açıdan olgun ve güzeldir. Ayrıca çoğunluğu bu yaşlarda evlenir, çocuk sahibi olur ve çocuklarını yetiştirirler. Dolayısıyla, insanoğlunu yeryüzünde yetiştiren Tanrı'nın yüreğini de belli bir oranda bu yaşta anlarlar.

Bu sebeple Tanrı, sizleri göklerde sonsuza dek insanların en güzel yaşı olan 33 yaşında kalacak göksel bedenlere dönüştürür.

Biyolojik Hiç Bir Bağ Yoktur

Göklerde, yeryüzünü terk ettiğiniz zamanda ki yaşınızda fiziksel görüntünüz olsaydı, ne kadar da komik olurdu! Bir adamın 40 yaşında ölüp göklere gittiğini varsayalım. Oğlu 50 ve torunu 90 yaşında ölüp göklere gitmiş olsun. Üçü göklerde buluştuğunda torun aralarında en yaşlısı ve büyükbaba ise en genci olurdu.

Bu nedenle, Tanrı'nın doğruluğu ve sevgisiyle yönetilen göklerde herkes 33 yaşında olur ve yeryüzünde ki biyolojik ve fiziksel bağlar yoktur.

Yeryüzünde ebeveynler ve evlatlar olmalarına rağmen, göklerde kimse kimseyi "baba," "anne," "oğlum" ya da "kızım" diye çağırmaz. Çünkü Tanrı'nın bir çocuğu olarak herkes birbirinin kız ve erkek kardeşidir. Yeryüzünde birbirlerinin ebeveyn ve çocukları olup, birbirlerini çok sevmelerinden dolayı, birbirleri için daha özel sevgiler duyabilirler.

Peki ya anne göğün ikinci katına ve oğul Yeni Yeruşalim'e giderse? Yeryüzünde elbette ki bir oğlun annesine hizmet etmesi gerekir. Ancak göklerde oğul, Baba olan Tanrı'yı daha çok yansıttığından ve oğlun bedeninden gelen ışık kendi bedeninden gelen ışıktan çok daha parlak olduğundan, anne oğlunun önünde eğilecektir.

Bu sebeple, insanları yeryüzünde kullandığınız isim ve unvanlarla çağırmayacaksınız, çünkü Tanrı herkese ruhani anlamları olan yeni ve uygun isimler verir. Bu dünya da bile Tanrı Avram'ın adını İbrahim, Saray'ın adını Sara ve Yakup'un adını Tanrı'ya mücadele edip üstesinden gelen anlamına gelen İsrail olarak değiştirmiştir.

Göklerde Kadınlarla Erkekler Arasında ki Fark

Göklerde evlilik yoktur, ama yine de kadınlarla erkekler arasında net bir ayrım vardır. Her şeyden önce erkekler 182 ile 188 cm arasında ve kadınlar onlardan 10 cm kadar kısadır.

Bazı insanlar çok uzun ya da çok kısa olmalarından dolayı tasalanırlar ama göklerde bu tür endişelere yer yoktur. Ayrıca kiloyla ilgili endişe duyulmasına da gerek yoktur, çünkü herkes en uygun ve en güzel şekle sahiptir.

Her ne kadar ağırlığı varmış gibi görünse de, göksel beden ağırlık hissetmez. Dolayısıyla kişi çiçeklerin üzerinde gezse bile çiçekler ne ezilir ne de harap olur. Göksel bedenin kilosu olamaz ama rüzgâra kapılıp giden bir vücutta değildir. Oldukça sağlamdır. Hissetmemenize rağmen kilonun olması, bedenin bir şekle ve görüntüye sahip olduğu anlamına gelir. Tıpkı bir kâğıdı alıp kaldırmanız gibidir. Kâğıdın ağırlığını hissetmez ama bir ağırlığı olduğunu bilirsiniz.

Saçlar hafif dalgalı ve sarıdır. Erkeklerin saçları boyunlarına kadar gelir, ama kadınların saçlarının uzunluğu değişir. Bir kadının uzun saçlı olması onun çok büyük ödüller aldığının göstergesidir ve en uzun saç boyu bele kadar iner. Bu nedenle, bir kadının uzun saçı olması muazzam bir görkem ve yüceltilme göstergesidir (1. Korintliler 11:15).

Bu dünyada kadınların pek çoğu beyaz ve yumuşak bir cilde sahip olmayı unut ederler. Ciltlerini kırışıklıkların olmaması, sıkı ve yumuşak tutmak için kozmetik ürünler kullanırlar. Göklerde ise herkesin görkemin ışığıyla parlayan lekesiz, beyaz, berrak ve temiz ciltleri olacaktır.

İlaveten, göklerde hiç bir kötülük olmadığından makyaj

yapmaya ve dış görünüşünüz konusunda endişelenmeye lüzum hissetmezsiniz, çünkü orada her şey güzel görünür. Göksel bedenden gelen görkemin ışığı, kişinin kutsallaştığı ve Rab'bin yüreğini yansıttığı ölçüde beyaz, berrak ve parlak olarak yansıyacaktır. Ayrıca düzende bu şekilde belirlenir ve muhafaza edilir.

Göksel İnsanların kalpleri

Göksel bedenlere sahip insanların yürekleri tanrısal özyapıya sahip ve içinde hiç bir kötülük barındırmayan ruhun ta kendisidir. Nasıl yeryüzünde ki insanlar iyi ve güzel bir şeye sahip olmak ve ona dokunmak istiyorlarsa, göksel bedenlere sahip insanların yürekleri de diğerlerinin güzelliklerini hissetmek, onlara bakmak ve hoşça dokunmak ister. Ancak ne açgözlülük ne de çekememezlik mevcut değildir.

Yeryüzünde ki insanlar çıkarları doğrultusunda değişir ve ne kadar güzel ve iyi şeyler olurlarsa olsunlar, bu şeylerden sıkılırlar. Göksel bedenlere sahip insanların kalplerinde hiç bir sinsilik yoktur ve asla değişmezler.

Örneğin yeryüzünde ki insanlar, eğer fakirlerse en ucuz ve en kalitesiz yemeği bile büyük bir iştahla yerler. Eğer biraz zenginleşirlerse, kendilerine daha önce lezzetli gelen şeyleri yemekten tatmin olmazlar ve daha iyi bir yiyecek bulmak için aramaya devam ederler. Eğer çocuklara yeni bir oyuncak alırsanız önceleri çok mutlu olurlar, ama biraz zaman geçtikten sonra oyuncağa olan ilgilerini kaybederler ve yenisini ararlar. Ancak göklerde böyle bir kafa yapısı yoktur ve bir şeyi bir kere severseniz, sonsuza dek onu seversiniz.

2. Göksel Egemenlikte Giyim

Bazıları göklerde ki giyimin aynı olacağını düşünebilir, ama durum böyle değildir. Tanrı, yaptıklarınıza göre sizlere geri veren Yaratan ve Adil Hakim'dir. Bu sebeple, nasıl göklerde ki ödülleriniz farklıysa, yeryüzünde yapmış olduğunuz işlere göre giysileriniz de farklı olacaktır (Vahiy 22:12). Öyleyse göklerde nasıl giysileriniz olacak ve onları nasıl süsleyeceksiniz?

Farklı Renk ve Tasarımlarda Göksel Giysiler

Göklerde genel olarak herkes parlak, beyaz ve ışıl ışıl giysiler giyerler. İpek kadar yumuşak, bir tüy kadar hafiftirler ve güzelce salınırlar.

Her bireyin kutsallaşma ölçüsü birbirinden farklı olduğundan, giysilerden gelen ışık ve parlaklık ta farklıdır. Kişi Tanrı'nın kutsal yüreğini ne kadar yansıtmışsa, giysileri de o denli parlayacaktır.

Ayrıca Tanrı'nın egemenliği için yaptığınız işlerin ve O'nu yüceltmenizin ölçüsüne bağlı olarak, farklı tasarım ve materyallerde ki giysiler verilecektir.

Yeryüzünde insanlar sosyal ve ekonomik statülerine göre farklı giysiler giyerler. Aynı şekilde, göklerde elde ettikleri konum ne kadar yüksekse, daha renkli ve farklı tasarımlarda giysiler giyerler. Ayrıca saç stilleri ve kullandıkları aksesuarlarda farklıdır.

Eski günlerde insanlar birbirlerinin sosyal sınıfını giysilerinin renklerine bakarak tanırlardı. Aynı şekilde, göksel insanlarda birbirlerine verilen ödüllerin miktarını ve statülerini tanırlar. Bir kişinin diğerlerinden farklı renk ve tasarımlarda giysi giymesi, o kişinin oldukça yüceltildiği anlamına gelir.

Bu sebeple, Yeni Yeruşalim'e girenler ve Tanrı'nın egemenliğine fazlasıyla katkıda bulunanlar en güzel, en renkli ve en parlak giysilere sahip olurlar.

Diğer taraftan eğer Tanrı'nın egemenliği için fazla bir şey yapmamışsanız, göklerde sadece bir kaç giysiye sahip olacaksınız. Ancak iman ve sevgiyle çok çalışmışsanız, birçok renk ve tasarımda sayısız giysiye sahip olacaksınız

Farklı Süslerle İşlenmiş Göksel Giysiler

Tanrı, her birinizin görkemini göstermek için farklı süslerle işlenmiş giysiler size verilecektir. Nasıl geçmişin kraliyet aileleri konumlarını göstermek için özel süslemeleri giysilerine işledilerse, göklerde ki farklı süslemeleri olan giysiler kişinin konum ve görkemini gösterecektir.

Göklerde şükran, övgü, dua, sevinç ve görkem gibi giysilere işlenen süsler vardır. Bu dünyada Baba olan Tanrı ve Rab'bin sevgisi ve lütufları için şükran dolu bir kafayla ilahiler söylediğinizde ya da Tanrı'yı yüceltmek için ilahiler okuduğunuzda, Tanrı yüreğinizi güzel bir koku olarak alır ve göklerde ki giysilerinizin üzerine övgülerin süslemelerini işler.

Sevinç ve şükranların süslemeleri, yeryüzünde karşılaşılan üzüntüler ve denemeler sırasında bile sonsuz yaşamı ve göksel egemenliği veren Tanrı'nın lütuflarını hatırlayan ve yüreklerinde gerçekten şükran ve sevinç duyanlara takılır.

Dua süslemesi, Tanrı'nın egemenliği için hayatlarıyla dua edenlere verilir. Ancak tüm bu süslerin arasında en güzel olanı görkemdir. Bu, en zor elde edilendir ve gerçek bir yürekle Tanrı'nın görkemi için her şeyi yapanlara verilir. Nasıl ki bir kral ya da başkan mükemmel hürmetleri karşılığında bir askeri şeref madalyası ya da özel bir madalya ile ödüllendiriyorsa, görkemin süsü özellikle Tanrı'nın egemenliği için gayretle ve yılmadan çalışanlara ve Tanrı'yı çokça yüceltenlere verilir. Bu nedenle giysilerinin üzerine görkemin süsünü koyanlar, tüm göksel egemenlikte en asil olanlardan biridir.

Taç ve Mücevher Ödülleri

Göklerde sayısız değerli taşlar vardır ve bunlardan bazıları ödül olarak verilip giysilere takılır. Vahiy Kitap'ında Rab'bin başına altından bir taç taktığını ve göğsüne de kuşak doladığını okursunuz. Bunlarda Kendisine Tanrı tarafından verilen ödüllerdir.

İncil, çeşitli taçlardan bahseder. Herkesin aldığı taçlar birbirinden farklıdır çünkü bunlar ödül olarak verilir.

Yarışa katılanlara verilen çürümeyecek taç (1. Korintliler 9:25), Tanrı'yı yüceltenlere verilen yüceliğin solmaz tacı (1. Petrus 5:4), ölümleri pahasına sadık olanlara verilen yaşam tacı (Yakup 1:12; Vahiy 2:10), Tanrı'nın Tahtın çevresinde oturan 24 ihtiyara verilen altından taç (Vahiy 4:4, 14:14) ve Aziz Pavlus'un özlemini çektiği doğruluk tacı (2 Timoteos 4:8) gibi her insanın yapmış olduğu işlere göre verilen çeşit çeşit taçlar vardır.

Ayrıca altınla, çiçeklerle ve incilerle süslenen çeşitli şekillerde taçlarda vardır. Kişinin layık görüldüğü taca göre o kişinin kutsallığını ve ödüllerini anlarsınız.

Yeryüzünde parası olan herkes mücevher alabilir ama göklerde mücevhere ancak ödül olarak size verildiğinde sahip olabilirsiniz. Kurtuluşa taşıdığınız insanların sayısı, gerçek bir kalple yaptığınız sunuların sayısı ve sadakatinizin ölçüsü gibi faktörler, verilecek ödüllerin çeşitliliğini belirler. Bu nedenle, mücevherler ve taçlar farklı olmak zorundadır, çünkü onlar kişilerin yapmış olduğu işlere göre verilir. Ayrıca mücevherle taçların ışığı, güzelliği, ihtişamı ve sayısı da farklıdır.

Göklerde ki yerler ve evlerle de durum aynıdır. Oturma yerleri kişinin imanına göre farklılık gösterir. Kişisel evler için altın ve mücevherlerin büyüklüğü, güzelliği ve parlaklığı farklıdır. 6. Bölümden itibaren göklerde ki yerlerle ilgili bu şeyleri daha yakından inceleyebileceksiniz.

3. Göksel Egemenlikte Yemek

İlk insan Âdem ile Havva Cennet Bahçesinde yaşadığında, sadece meyve ve tohum veren ot yediler (Yaratılış 1:29). Ama Adem itaatsizliği nedeniyle Cennet Bahçesinden kovuldu ve böylece toprakta yetişen bitkileri yemeye başladılar. Tufandan sonra ise insanların et yemelerine izin verildi. Bu şekilde, insan ne kadar çok kötü olduysa, yediği yemeklerde buna göre değişti.

Öyleyse hiç bir kötülüğün olmadığı göklerde ne yiyeceksiniz? Bazıları göksel bedeninin yiyecek yiyip yemediğini merak edebilir. Göklerde Yaşam suyunu içebilir ve sevinç almak için çeşitli meyveleri yiyip koklayabilirsiniz.

Göksel Bedenin Nefes Alması

Bizler insan ırkı olarak yeryüzünde nasıl nefes alıyorsak, göklerde de göksel bedenler nefes alır. Elbette ki göksel beden nefes almak zorunda değildir, ama yeryüzünde nefes aldığınız şekilde nefes alarak dinlenir. Dolayısıyla sadece burun ve ağız ile değil, ama ayrıca gözleri, bedenin tüm hücreleri ve hatta kalbiyle bile nefes alabilir.

Tanrı, ruh olduğu için kalplerimizin kokusunu içine çeker. Eski Ahit zamanlarında Tanrı, doğru insanların sunularından ve kalplerinde ki güzel kokudan hoşnuttu (Yaratılış 8:21). Yeni Ahit zamanı, lekesiz ve saf olan İsa bizim için kendisini güzel kokulu bir sunu ve kurban olarak Tanrı'ya kendini verdi (Efesliler 5:2).

Bu sebeple gerçek bir kalple ibadet ve dua ettiğiniz, ilahiler söylediğiniz zaman Tanrı kalbinizde ki kokuyu alır. Ne kadar Rab'bi yansıtır ve doğru olursanız, Mesih'in kokusunu o kadar yayarsınız ve Tanrı'da onu kıymetli bir sunu olarak kabul eder. Tanrı, nefes yoluyla övgü ve dualarınızı alır.

Matta 26:29'da Rab'bin göklere alındığı iki bin yıllık dönem boyunca yemeden sizin için dua ettiğini görürsünüz. Aynı şekilde göklerde ki göksel bedende yemeden veya nefes almadan yaşayabilir. Sizde göklere gittiğinizde sonsuza dek yaşayacaksınız, çünkü asla yok olup gitmeyecek ruhani bedene dönüşeceksiniz.

Göksel beden nefes aldığı zaman, daha çok sevinç ve mutluluk hisseder ve ruh, canlanır ve yenilenir. Nasıl insanlar sağlıklarını korumak için dengeli besleniyorlarsa, göksel beden de güzel kokuları içine çeker.

Dolayısıyla çeşitli çiçek ve meyveler güzel kokular yaydığında göksel bedenlerde bu güzel kokuyu içlerine çekerler. Hatta çiçekler sürekli aynı güzel kokuyu yaysalar bile, her zaman mutluluk ve doyum hissini vereceklerdir.

İlaveten, göksel beden çiçeklerin ve meyvelerin güzel kokusunu aldığında, koku tıpkı bir parfüm gibi bedene siner.

Tamamen yitip gidene kadar beden bu kokuyu yayar. Yeryüzünde parfüm kullanmak size kendinizi nasıl iyi hissettiriyorsa, bu güzel koku sayesinde göksel beden de daha mutlu hisseder.

Nefes Yoluyla Dışarı Atma

Öyleyse insanlar göklerde nasıl yer ve hayatlarını sürdürürler? İncil'de Rab'bin dirildikten sonra öğrencilerine görünmesini ve hem üflediğini (Yuhanna 20:22) hem de yemek yediğini (Yuhanna 21:12-15) görürsünüz. Dirilen Rab'bin yemek yemesinin nedeni aç olması değildi, ama öğrencileriyle sevinci paylaşmak ve göklerde de göksel bedenlerin yemek yiyebileceklerini göstermekti. Bu nedenle İncil, dirildikten sonra Rab'bin ekmek ve balıkla kahvaltı yapışını kaydetmiştir.

Öyleyse İncil niçin dirildikten sonra Rab'bin üflediğini söylemiştir? Göklerde yemek yediğinizde hemen erir ve nefes yoluyla dışarı atılır. Göklerde yiyecekler hemen çözülür ve nefes yoluyla bedeni terk eder. Bu nedenle ne boşaltıma, ne de tuvaletlere ihtiyaç yoktur. Tüketilen yiyeceğin nefes aracılığıyla bedeni güzel bir koku olarak terk edip yok olması ne kadar da rahatlatıcı ve harikadır!

4. Göksel Egemenlikte Ulaşım

Tüm insanlık tarihi boyunca medeniyetler ve bilim geliştikçe yük arabaları, vagonlar, arabalar, gemiler, trenler ve uçaklar gibi daha hızlı ve daha rahat ulaşım araçları icat edilmiştir.

Göklerde de çeşitli ulaşım araçları mevcuttur. Göklerde tren gibi toplu taşıma sistemi, buluttan arabalar ve altından vagonlar gibi özel ulaşım araçları da mevcuttur.

Göklerde göksel bedenler zaman ve uzayın ötesinde olduklarından çok hızlı hareket edebilirler ve hatta uçarlar ama ödül olarak verilen ulaşımı kullanmak çok daha eğlenceli ve hoştur.

Göklerde Seyahat ve Ulaşım

Tüm göklerin çevresinde seyahat etmek ve Tanrı'nın yarattığı güzellikleri ve olağanüstü şeyleri görebilmek ne kadar da mutluluk ve sevinç verici olurdu!

Göklerin her bir köşesinin kendine has güzelliği vardır ve onun her bir köşesinin keyfini çıkarabilirsiniz. Göksel bedenin yüreği hiç değişmediğinden aynı yeri tekrar tekrar ziyaret etmek ne sizi sıkar ne de yorar. Dolayısıyla göklerde ki seyahat her zaman eğlenceli ve ilginç olan bir şeydir.

Göksel bedenin gerçekten de her hangi bir ulaşım aracında olması gerekmez, çünkü asla yorulmaz ve hatta uçabilir. Ama çeşitli araçların kullanımı daha rahatlatıcıdır. Yeryüzünde yürümekten ziyade otobüs kullanımı ve otobüse veya metroya binmekten ziyade taksi veya araba sürme nasıl rahatlatıcıysa, bu da aynıdır.

Dolayısıyla çeşitli renkler ve mücevherle süslenmiş göksel trene bindiğinizde, raylar olmadan varmak istediğiniz yere gidebilirsiniz. Ayrıca sağa sola ve yukarı aşağı serbestçe hareket edebilirsiniz.

Cennette yaşayanlar Yeni Yeruşalim'e gittiklerinde göksel trene binerler çünkü bu iki yer birbirinden oldukça uzaktır. Bu, yolcular için büyük bir heyecandır. Parlak ışıklar arasından uçarak pencerelerinin ardında uzanan göklerin güzelim manzaralarını seyre dalarlar. Baba olan Tanrı'yı görme düşüncesiyle daha da mutlulukla dolarlar.

Göklerde ki ulaşım araçları içersinde Yeni Yeruşalim'de ki özel bir kişinin gökleri gezmek için kullandığı altın vagon vardır. Bu aracın beyaz kanatları ve içinde de bir düğmesi vardır. Bu düğme sayesinde tamamen otomatik olarak hareket eder ve sahibinin isteğine bağlı olarak hem hızla yol alabilir ve hatta uçabilir.

Buluttan Araba

Göklerde ki bulutlar göklerin güzelliğine ekstra güzellik katıcı süs gibidir. Dolayısıyla, göksel bedenler çevrelerinde bulutlarla bir yere gittiğinde, bedenleri bulutlar olmadığı zamandan daha çok parlar. Ayrıca diğerleri bulutlara sarılmış göksel bedenin itibar, görkem ve yetkisini bilerek hürmet duyarlar.

Kutsal Kitap, Rab'bin bulutlar içersinde geleceğinden söz eder (1. Selanikliler 4:16-17) çünkü bulutlar içinde gelmenin görkemi, hiç bir şey olmadan göklerden inmekten çok daha haşmetli, itibarlı ve güzeldir. Aynı şekilde, göklerde ki bulutlar, Tanrı'nın çocuklarına görkem katmak için vardırlar.

Yeni Yeruşalim'e girme yetkisini elde ederseniz, daha da harika olan buluttan arabaya sahip olabilirsiniz. Yeryüzünde buharla oluşan bulutlar gibi değillerdir, ama göklerin görkeminden meydana gelen bulutlardır.

Buluttan araba, sahibinin görkemini, itibarını ve yetkisini gösterir. Ancak herkes buluttan arabaya sahip olamaz, çünkü bu arabalar, Tanrı'nın evinin her yerinde tamamen kutsal ve sadık olmayı başararak Yeni Yeruşalim'e girebilenlere verilir.

Yeni Yeruşalim'e girebilenler, buluttan arabayı Rab ile sürerek her yere giderler. Gezi sırasında göksel varlıklar ve melekler onlara refakat ve hizmet ederler. Tıpkı yola çıkmış bir kral ya da prense refakat eden bakanlar gibidir. Bu sebeple, göksel varlıkların ve meleklerin refakat ve hizmeti, arabanın sahibinin görkem ve yetkisini daha da dışa vurur.

Buluttan arabalar genellikle melekler tarafından kullanılır. Özel kullanım için bir, çoklu kullanım için birden fazla koltuğu olan arabalar vardır. Yeni Yeruşalim'de kişi golf oynadığında ve sahada gezindiğinde, araba efendisinin ayaklarının altına gelerek durur ve kişi arabaya bindiğinde araç aynı anda topun yanında olabildiğince yumuşak belirir.

Kendinizi Yeni Yeruşalim'in semalarında göksel varlıkların ve meleklerin eşlik ettiği buluttan bir arabanın içinde uçarken hayal edin. Ayrıca Rab ile birlikte buluttan bir arabayı sürerken veya sevdiklerinizle göksel trende engin göklerde seyahat ederken düşünün. Büyük bir ihtimalle sevinçten şaşkına dönmüş bir vaziyette olurdunuz.

5. Göksel Egemenlikte Eğlence

Bazıları göksel bir beden olarak yaşamanın eğlenceli olmadığını düşünebilir, ama bu hiçte doğru değildir. Bu fiziksel dünyada ki eğlenceler sizi yorar ya da tam anlamıyla sizi tatmin etmez, ama ruhani dünya da "eğlence" her zaman yeni ve canlandırıcıdır.

Hatta yeryüzünde bile ne kadar ruhu bütünüyle başarırsanız,

o kadar derin bir sevgiyi deneyim eder ve o kadar mutlu olursunuz. Göklerde sadece hobilerinizden değil, ama diğer eğlencelerden de keyif alırsınız. Yeryüzüyle mukayese edilemeyecek kadar eğlencelidir.

Hobi ve Oyunların Keyfine Varma

Tıpkı insanların yeryüzünde becerilerini geliştirmesi ve hobileriyle hayatlarını daha iyi bir hale getirmesi gibi, göklerde de hobilerinize devam edebilir ve onların keyfini sürebilirsiniz. Sadece yeryüzünde sevmiş olduklarınızın değil, ama kendinizi fazlasıyla Tanrı'nın işlerini vermekten dolayı geri kaldığınız diğer şeylerinde tadını çıkarabilirsiniz. Ayrıca yeni şeylerde öğrenebilirsiniz.

Müzik aletlerine ilgi duyanlar arp çalarak Tanrı'ya ilahiler söyleyebilir ya da piyano, flüt ve diğer aletleri çalmayı öğrenebilirler. Çalgı çalmayı hemen öğrenirsiniz, çünkü göklerde herkes çok daha akıllıdır.

Hoşnutluğunuza hoşnutluk katmak için doğa ve göksel hayvanlarla sohbetler edebilirsiniz. Hatta bitki ve çiçekler bile Tanrı'nın çocuklarını tanırlar, onlara selam verir, sevgi ve saygılarını ifade ederler.

Buna ilaveten tenis, basketbol, bowling, golf ve planör gibi sporları yapabilirsiniz. Ancak başkalarına zarar veren güreş ve boks gibi spor aktiviteleri yoktur. Tesis ve malzemelerde tehlikeli değildir. Olağanüstü malzemelerden yapılmışlardır ve sporla meşgul olurken daha fazla mutluluk ve memnuniyet versin diye altın ve mücevherlerle süslenmişlerdir.

Spor malzemeleri de insanların yüreklerini tanır ve daha fazla memnuniyet verirler. Örneğin eğer bowlingten zevk alıyorsanız, sizin isteğinize göre pozisyon ve uzaklıkları değişir ve yine sizin isteğinize göre topun ve lobutların rengi değişir. Lobutlar, parlak ışıklar ve neşeli seslerle düşerler. Eğer ortağınızı kaybetmek istiyorsanız, sizi daha mutlu edebilmek için arzunuza göre lobutlar hareket ederler.

Göklerde kazanmayı ve bir başkasını yenilgiye uğratmayı arzulayan kötülük yoktur. Başkalarına daha fazla memnuniyet ve zevk vermek oyunu kazanmaktır. Bazıları içinde ne kazananın ne de kaybedenin olduğu oyunu sorgulayabilirler, ama göklerde bir başkasını yenilgiye uğratarak kazanmaktan zevk almazsınız. Oyunu oynamanın kendisi sevinçtir.

Elbette ki iyi ve adil bir müsabaka yoluyla zevk aldığınız bazı oyunlar vardır. Örneğin, çiçeklerden ne kadar çok kokuyu içinize çektiğiniz, onları en iyi şekilde nasıl karıştırdığınız ve en iyi kokuyu nasıl dışarı verdiğiniz gibi kazananın olduğu oyunlarda vardır.

Eğlence Tipleri

Oyun sevenlerden bazıları göklerde oyun salonu olup olmadığını sorarlar. Elbette ki yeryüzünde olanlardan çok daha eğlenceli oyun salonları vardır.

Yeryüzünde olanların aksine göklerde ki oyunlar asla sizi yormaz ya da gözlerinizi bozmaz. Onlardan asla sıkılmazsınız. Daha ziyade oyundan sonra size kendinizi dinçleşmiş ve huzurlu hissettirirler. Kazandığınız ve en iyi puanı aldığınızda, oldukça memnun hisseder ve asla ilginizi kaybetmezsiniz.

Göklerde ki insanların göksel bedenleri vardır. Dolayısıyla

lunaparkta ki heyecan trenlerinin olduğu eğlence parklarında ki araçlara bindiklerinde, düşme korkusu asla hissetmezler. Sadece heyecan ve memnuniyet hissederler. Hatta yeryüzünde akrofobisi olanlar bile göklerde onların tadına doyasıya varırlar.

Heyecan treninden düşseniz bile, yaralanmazsınız, çünkü göksel bir bedensinizdir. Uzak Doğu sporlarından uzman biri gibi güvenle yere ayak basarsınız ya da melekler sizi korurlar. Kendinizi heyecan trenine binmiş, Rab'le ve sevdiklerinizle çığlık atarken hayal edin. Ne kadar mutluluk ve memnuniyet verici olurdu!

6. Göksel Egemenlikte İbadet, Eğitim ve Kültür

Göklerde yiyecek, giyim ve ev için çalışmaya gereksinim yoktur. Dolayısıyla bazıları şöyle sorabilirler, "Sonsuza dek ne yapacağız? Boş gezen ümitsiz avareler mi olacağız?" Ancak endişe duymak için hiç bir sebep yoktur.

Göklerde mutlulukla keyfini süreceğiniz pek çok şey vardır. Oyunlar, eğitim, ibadet hizmetleri, ziyafetler, festivaller, seyahat ve spor gibi birçok ilgi çekici ve heyecan verici aktiviteler vardır.

Sizden bu aktivitelere katılmanız istenmez ya da katılım için zorlanmazsınız. Herkes her şeyi gönüllü ve sevinçle yapar, çünkü yaptığınız her şey size bolca mutluluk verir.

Yaratan Tanrı'nın Önünde Sevinçle İbadet

Yeryüzünde nasıl belli zamanlarda Tanrı'ya ibadet ediyor ve

kilise hizmetlerine katılıyorsanız, göklerde de belli zamanlarda Tanrı'ya ibadet edersiniz. Elbette ki Tanrı, mesajları duyurur ve mesajlar yoluyla Tanrı'nın kökenini ne başlangıcı ne de sonu olan ruhani hükümranlığı öğrenirsiniz.

Genellikle derslerinde başarılı olanlar ders saatlerini ve hocalarını görmeyi dört gözle beklerler. Hatta iman yaşantısında bile Tanrı'yı sevenler, ruh ve gerçekte O'na ibadet edenler, ibadet hizmetlerini, yaşam sözünü duyuran çobanın sesini dinlemeyi dört gözle beklerler.

Göklere gittiğiniz zaman, Tanrı'ya ibadet etmekten büyük sevinç ve mutluluk duyarsınız ve O'nun Sözünü duymayı dört gözle beklersiniz. İbadet hizmetleri yoluyla Tanrı Sözü'nü dinleyebilir, Tanrı ile konuşabilecek zamanı bulabilir veya Rab'bin sözünü dinleyebilirsiniz. Ayrıca dua içinde zamanlar vardır. Ancak dizlerinizin üzerine çökmez ya da yeryüzünde yaptığınız gibi gözleriniz kapalı yakarmazsınız. Artık Tanrı ile sohbet zamanıdır. Göklerde ki dualar Baba olan Tanrı'yla, Rab'le ve Kutsal Ruh'la sohbetlerdir. Nasıl da mutluluk ve hoşnutluk dolu vakitler olmalı!

Ayrıca yeryüzünde yaptığınız gibi ilahiler okuyabilirsiniz. Ama bunlar yeryüzüne ait her hangi bir dilde değil, yepyeni ilahilerdir. Yeryüzünde birlikte sınamalardan geçenler veya aynı kilisenin üyeleri olanlar ibadet ve paydaşlık için çobanlarıyla bir araya gelirler.

Öyleyse özellikle herkesin kaldığı yerlerin farklı olduğu göksel egemenlikte ibadet için insanlar nasıl bir araya gelir? Göklerde göksel bedenlerin ışıkları, kalınan yere göre farklılık gösterir. Dolayısıyla, daha yüksek seviyede ki yerlere gitmek isteyenler uygun giysileri ödünç alırlar. Görkemin ışığıyla kaplı Yeni

Yeruşalim'de ki ibadet servislerine katılmak için, farklı yerlerde yaşayan herkes uygun giysiler ödünç almak zorundadırlar.

Ayrıca nasıl uydular aracılığıyla bir ayine tüm dünya da aynı anda katılıp seyredebiliyorsanız, göklerde de aynı şeyi yapabilirsiniz. Göklerin farklı yerlerinden Yeni Yeruşalim'de yapılmakta olan ayine katılabilir ve seyredebilirsiniz, ama göklerde ki ekran o kadar doğaldır ki kişisel olarak ayine katılmış gibi hissedersiniz.

Ayrıca Musa ve Aziz Pavlus gibi imanın atalarını da çağırarak birlikte ibadete katılabilirsiniz. Ancak bu asil kişileri davet edebilmek için uygun ruhani yetkiye sahip olmanız gerekir.

Yeni ve Derin Ruhani Sırları Öğrenme

Tanrı'nın çocukları yeryüzünde yetiştirilirken pek çok ruhani şey öğrenirler, ama burada öğrendikleri, göklere götüren sadece bir basamaktır. Göklere girdikten sonra, yeni dünyalarıyla ilgili şeyler öğrenmeye başlarlar.

Örneğin, İsa Mesih'e inananlar öldüğü zaman, Yeni Yeruşalim'e gidecek olanlar dışındakiler, cennetin uzak bir köşesine düşen yerde kalır ve meleklerden göklerin etiketleri ve kurallarını öğrenirler.

Nasıl yeryüzünde ki insanlar topluma ayak uydurmak için eğitiliyorlarsa, ruhani hükümranlığın yeni dünyasında nasıl davranmanız konusunda detaylıca eğitilirsiniz.

Bazıları, yeryüzünde birçok şey öğrenmişken niçin göklerde hala öğrenmek zorunda olduklarını merak ederler. Yeryüzünde öğrenme ruhani eğitim sürecidir ve gerçek öğrenim göklere girmenizden sonra başlar.

Öğrenmenin de sonu yoktur, çünkü Tanrı'nın egemenliği sınırsızdır ve sonsuza kadar sürer. Ne kadar öğrenirseniz öğrenin, başlangıçtan beri var olan Tanrı hakkında bütünüyle öğrenemezsiniz. Sonsuzluktan beri var olan, evreni ve içinde ki her şeyi yöneten ve sonsuza dek var olacak Tanrı'yı derinlemesine asla bilemezsiniz.

Bu sebeple sınırsız ruhani hükümranlığa giderseniz, öğrenilecek sayısız şey olduğunu ve yeryüzünde ki bazı çalışmaların aksine ruhani öğrenimin çok ilginç ve eğlenceli olduğunu idrak edersiniz.

İlaveten, ruhani öğrenim asla mecburi değildir ve sınav yoktur. Öğrendiğiniz hiç bir şeyi asla unutmazsınız. Dolayısıyla asla zor ya da yorucu değildir. Göklerde asla sıkılmayacak ve boş kalmayacaksınız. Bu harika ve yeni şeyleri öğrenmekten sadece mutluluk duyacaksınız.

Ziyafetler, Şölenler ve Gösteriler

Göklerde pek çok ziyafet ve gösteriler de vardır. Bu ziyafetler göklerde ki memnuniyetin doruk noktasıdır. Göklerin zenginliğini, özgürlüğünü, güzelliğini ve görkemini seyretmekten memnuniyet ve sevinç duyduğunuz zamanlardır.

Tıpkı yeryüzünde ki insanların seçkin bir ziyafete, yemeye ve içmeye, eğlenceye giderken kendilerini en güzel şekilde donatmaları gibi, kendilerini en güzel şekilde süsleyen insanlarla ziyafetler verebilirsiniz. Ziyafetler, güzel danslar, şarkılar ve mutlulukla dolu kahkaha sesleriyle dopdoludur.

Ayrıca New York'ta ki Carnegie Hall ve Avustralya'da ki Sydney Opera Binası gibi çeşitli performansların tadına varacağınız yerler vardır. Göklerde ki gösteriler, kişinin maddi kazanç sağlaması için değil, ama sadece Tanrı'yı yüceltmek, Rab'be sevinç ve mutluluk vermek ve başkalarıyla paylaşmak için yapılır.

Sahne alan kişiler çoğunlukla ilahiler, danslar, müzik aletleri ve oyunlarla yeryüzünde Tanrı'yı fazlasıyla yücelten insanlardır. Bazen bu insanlar yeryüzünde aynı müzik parçalarını çalmış olan insanlardır. Veyahut yeryüzünde bunları yapmak isteyip te koşullardan dolayı yapamayan, ama şimdi göklerde yeni şarkılar ve danslarla Tanrı'yı yücelten kişilerdir.

Bunların yanı sıra film seyredebileceğiniz sinema salonları da vardır. Göğün birinci ve ikinci katında genellikle halka açık sinemalarda film seyredilir. Göğün üçüncü katında ve Yeni Yeruşalim'de her evin kendine ait sinema sistemi vardır. İnsanlar bir başlarına ya da sevdikleriyle bir araya gelip bir şeyler atıştırırken film seyredebilirler.

İncil'de Aziz Pavlus göğün üçüncü katına gitmiş, ama insanlara bunu açıklayamamıştır (2. Korintliler 12:4). İnsanların gökleri anlamasını sağlamak çok zordur, çünkü insanlar tarafından doğru bilinip anlaşılacak bir yer değildir. Aksine insanların yanlış anlama şansı daha yüksektir.

Gökler, ruhani hükümranlığa aittir. Yeryüzünde asla yaşayamayacağınız mutluluk ve sevinçle dolu göklerde, anlayamayacağınız, tasavvur dahi edemeyeceğiniz pek çok şey vardır.

Tanrı böylesine güzel olan gökleri sizin yaşamanız için hazırlamıştır ve Kutsal Kitap aracılığıyla oraya girebilmeniz için uygun niteliklere sahip olmanız konusunda sizleri teşvik etmektedir.

Bu sebeple, Rab geri geldiğinde O'nun güzel gelini olarak hazır olmanız için gereken uygun niteliklere sahip olabilmeniz için Rab'bin adıyla dua ediyorum.

6. Bölüm

Cennet

1. Cennette ki Güzellik ve Mutluluk

2. Ne Tip İnsanlar Cennete Girer?

*İsa ona,
"Sana doğrusunu söyleyeyim,
sen bugün benimle birlikte
cennette olacaksın" dedi.*
- Luka 23:43 -

İsa Mesih'in kişisel Kurtarıcıları olduğuna inananlar göklerde ki sonsuz yaşamın tadına varacaklar. Ancak daha önce, imanın büyüme basamakları olduğunu, kişinin imanının ölçüsüne göre göklerde verilen göksel yerler, taçlar ve ödüller olduğunu daha önce anlattım.

Tanrı'nın yüreğini daha fazla yansıtanlar, Tanrı'nın tahtına yakın yaşarlarken, Tanrı'nın tahtına uzak düşenlerde O'nun yüreğini daha az yansıtanlardır.

Cennet, Tanrı'nın görkeminin ışığına en az sahip olan ve Tanrı'nın tahtına en uzak düşen yerdir. Ama buna rağmen yeryüzüyle ve hatta Cennet Bahçesinden bile mukayese edilmeyecek kadar güzeldir.

Öyleyse cennet nasıl bir yerdir ve ne tip insanlar oraya gider?

1. Cennette ki Güzellik ve Mutluluk

Cennetin kenarında ki alan Beyaz Tahtın Yüce Yargı Gününe kadar Bekleme Yeri olarak kullanılır (Vahiy 20:11-12). Tanrı'nın yüreğini yansıtmayı başararak Yeni Yeruşalim'e giren ve Tanrı'ya işlerinde yardım edenler dışında, başlangıçtan beri kurtulanlar, cennetin bir kenarında ki alanlarda beklerler.

Dolayısıyla kenarlarında ki alanların pek çok kişi için bekleme yeri olarak kullanıldığı cennetin ne kadar geniş bir yer olduğunu idrak edebilirsiniz. Bu geniş cennet, göklerin en alçak yeri olmasına rağmen, Tanrı tarafından lanetlenen bu dünyadan mukayese edilemeyecek kadar güzel ve mutlu bir yerdir.

Dahası, yeryüzünde yetiştirilenlerin gideceği yer olduğundan, ilk insan Adem'in yaşamış olduğu Cennet Bahçesinden daha fazla sevinç ve mutluluk vardır.

Şimdi Tanrı'nın ifşa ettiği ve bilinmesini sağladığı cennette ki güzelliğe ve mutluluğa bakalım.

Güzel Hayvanlarla ve Bitkilerle Dolu Geniş Düzlük

Cennet, geniş bir düzlük gibidir ve pek çok iyi düzenlenmiş çayırlar ve güzel bahçeler vardır. Pek çok melek bu yerleri muhafaza eder ve bakımını yapar. Kuşların şakımaları çok berrak ve saftır ve tüm cennet boyunca sesleri yankılanır. Hemen hemen yeryüzünde ki kuşlara benzerler, ama onlardan biraz daha büyükçedirler ve tüyleri de daha güzeldir. Gruplar halinde şakımaları çok sevimlidir.

Ayrıca bahçelerde ki ağaç ve çiçekler çok taze ve fevkalade güzeldir. Yeryüzünde ağaç ve çiçekler zamanla sararıp solar, ama cennette ki ağaçlar her zaman yeşildir ve çiçekler asla sararıp solmaz. İnsanlar onlara yaklaştıkları zaman, çiçekler tebessüm eder ve bazen çok uzaklardan dahi kendilerine özgü ve karışmış kokularını salarlar.

Taze ağaçlar pek çok çeşit meyve verir. Yeryüzünde ki meyvelerden biraz daha büyüklerdir. Kabukları parlaktır ve çok lezzetli bir görünüşleri vardır. Kabuklarını soymaya gerek duymazsınız, çünkü ne kurt ne de toz vardır. İnsanların iştah kabartıcı meyve sepetleriyle güzel düzlüklerde oturup sohbet ettikleri bir manzara nasılda güzel ve mutlu görünüyor?

Ayrıca geniş düzlüklerde pek çok hayvanda vardır. Onların arasında huzur içinde otla beslenen aslanda vardır. Yeryüzünde ki aslanlardan çok daha fazla büyüktürler, ama hiçte saldırgan değillerdir. Yumuşak başlı bir karakterleri, temiz ve parlak yeleleri olduğundan çok sevimlidirler.

Yaşam Suyu Irmağı Ağır Ağır Akar

Yaşam Suyu Irmağı Yeni Yeruşalim'den cennete, tüm göksel egemenlik içinde akar ve asla ne buharlaşır ne de kirlenir. Suyun kaynağının doğduğu yer Tanrı'nın Tahtıdır ve Tanrı'nın yüreğini taşıyan her şeyi tazeler. İçinde hiç bir karanlık barındırmadığından, parlak, lekesiz ve günahsız olan berrak ve güzel zihindir. Tanrı'nın yüreği her şeyde mükemmel ve tamdır.

Ağır ağır akan Yaşam suyu Irmağı, güneş ışıklarını yansıtan açık bir havada ışıldayan deniz çırpıntıları gibidir. Öylesine berrak ve saydamdır ki yeryüzünde ki hiç bir su kütlesiyle kıyas bile edilemez. Uzaktan bakıldığında mavi görünür ve Akdeniz'in ya da Atlantik Okyanusu'nun derin mavisine andırır.

Yaşam Suyu Irmağının iki yanında ki yollarda banklar vardır. Bankların çevresinde her ay meyve veren yaşam ağaçları dizilmiştir. Yaşam ağacının meyveleri yeryüzünde ki meyvelerden daha büyüktür ve öylesine güzel kokulu ve lezzetlidirler ki kelimeler anlatmak için kifayetsiz kalır. Onları ağzınıza aldığınızda tıpkı pamuk helva gibi erirler.

Cennette Kişisel Eşyalar Yoktur

Göklerde erkeklerin saçları boyun çizgisine kadar iner, ama kadınların saçlarının uzunluğu onlara verilen ödüllere göre uzun ya da kısadır. Bir kadının saçı en fazla beline kadar uzundur.

Ancak cennette hiç bir ödül yoktur. Dolayısıyla, kadınların saçı erkeklerden biraz uzundur.

Tek dikişle dokunmuş beyaz bir giysi giyerler ve giysilerinde broş, saçlarında iğne ve başlarında taç gibi süsler yoktur. Çünkü onlar yeryüzünde yaşarlarken Tanrı'nın egemenliği için hiç bir şey yapmamışlardır.

Cennete gidenlere ödül verilmediği gibi kişisel ev, taç, süs ve onlara hizmet için verilmiş meleklerde yoktur. Cennette kalacak yaşayan ruhların için de bir yer vardır. Orada birbirlerine hizmet ederek yaşarlar.

Aynı durum mal varlığı olmadan yaşayan Cennet Bahçesi sakinleri içinde geçerlidir. Ancak iki yerde ki mutluluğun büyüklüğü arasında oldukça büyük bir fark vardır. Cennette yaşayanlar, İsa Mesih'i kabul ettikleri ve Kutsal Ruh'u aldıkları için Tanrı'yı "Abba-Baba" diye çağırabilirler. Dolayısıyla onların hissettiği mutluluk, Cennet Bahçesinde ki mutlulukla mukayese bile edilemez.

Bu sebeple, yeryüzünde doğmuş olmanız, her çeşit iyilik ve kötülüğü tecrübe edinmeniz, Tanrı'nın gerçek çocukları olmanız ve iman etmeniz öylesine değerli bir kutsamadır.

Mutluluk ve Sevinçle Dolu Cennet

Cennette ki yaşam bile gerçeğin ışığında mutluluk ve sevinçle dolu bir yerdir, çünkü orada kötülük yoktur ve herkes önce bir diğerinin iyiliğini düşünür. Kimse kimseye zarar vermez, ama sadece birbirlerine sevgiyle hizmet ederler. Böylesi bir yaşam ne kadar da memnuniyet verici olmalı!

Ayrıca ev, giyim ve yiyecek derdinin olmaması, gözyaşı, keder, hastalık, acı veya ölümün kol gezmemesi başlı başlına mutluluğun kendisidir.

> *"Onların gözlerinden bütün yaşları silecek. Artık ölüm olmayacak. Artık ne yas, ne ağlayış, ne de ıstırap olacak. Çünkü önceki düzen ortadan kalktı"* (Vahiy 21:4).

Tüm bunların yanı sıra nasıl melekler arasında baş melekler varsa, cennette ki insanlar arasında da temsil olan ve temsil eden olarak bir hiyerarşi olduğunu görürsünüz. Her bireyin imanının eylemleri birbirlerinden farklı olduğundan, diğerlerine nazaran imanları daha büyük olanlar cennetin ve insan topluluklarının idaresine atanırlar.

Cennette ki sıradan insanların aksine, bu insanlar farklı giysiler giyerler ve her şeyde öncelikleri vardır. Bu adil olmayan bir durum değildir ve insanlara yaptıkları işlere göre karşılığını veren tarafsız Tanrı'nın adaletidir.

Göklerde kıskançlık ve çekememezlik olmadığından, daha iyi şeyler başkalarına verildiği zaman, insanlar asla bu durumdan nefret etmez ya da gücenmezler. Aksine diğerlerinin iyi şeyler aldığını görmekten mutlu ve memnundurlar.

Cennetin bu dünyadan kıyas dahi edilemeyecek kadar güzel ve mutlu bir yer olduğunu anlamalısınız.

2. Ne Tip İnsanlar Cennete Girer?

Cennet, Tanrı'nın yüce sevgisi ve merhametiyle inşa edilmiş bir yerdir. Tanrı'nın çocukları olarak çağrılmaya yeterince yetkin olmayan, ama Tanrı'yı bilen ve İsa Mesih'i kabul eden ve dolayısıyla cehenneme gönderilmeleri mümkün olmayan kişilerin girdiği bir yerdir. Öyleyse tam olarak ne tip insanlar cennete gider?

Ölümden Hemen Önce Tövbe Etme

Her şeyden önce cennet, tıpkı İsa'nın yanı başında çarmıha gerilen suçlu gibi ölümlerinden hemen önce tövbe edip, kurtulmak için İsa Mesih'i kabul edenlerin gittiği yerdir. Luka 23:39'dan ileri doğru okursanız, İsa'nın iki yanında iki suçlunun daha çarmıha gerildiğini görürsünüz. Bir yanında ki suçlu İsa'ya küfürler savururken diğeri önce o suçluyu azarlamış sonra İsa'yı Kurtarıcısı kabul ederek tövbe etmiştir. Sonra İsa tövbe eden suçluya kurtulduğunu söylemiştir. Suçluya şöyle demiştir; "Bu gün benimle cennette olacaksın." Bu suçlu Kurtarıcısı olarak İsa'yı kabul etmiştir, ama ne tüm günahlarını söküp atabilmiş ne de Tanrı'nın Sözüne göre yaşamıştır. Ölümünden hemen önce Rab'bi kabul ettiğinden, Tanrı'nın Sözünü öğreneceği ve Söze göre davranışlar sergileyeceği vakti olmamıştır.

Cennet, İsa Mesih'i kabul eden, ama Luka 23'de betimlenen suçlu gibi Tanrı'nın egemenliği için hiç bir şey yapmamış olanların gittiği yerdir.

Ancak "Ölümümden hemen önce Rab'bi kabul edip, yeryüzüyle mukayese bile edilemeyecek kadar güzel ve mutlu cennete girebileceğim." diye düşünmeniz yanlış bir fikir olacaktır. Tanrı, İsa'nın bir yanında tövbe eden suçlunun kurtulmasına izin vermiştir, çünkü suçlunun sonuna kadar Tanrı'yı sevecek iyi bir yüreği olduğunu ve daha uzun yaşasaydı Rab'bi izleyeceğini biliyordu.

Ancak herkes son anda Rab'bi kabul edemez, çünkü iman anında verilmez. Bu sebeple İsa'nın yanı başında çarmıha gerilen ve ölümden önce kurtulan suçlunun durumunun ender bir durum olduğunu anlamalısınız.

Ayrıca utanç verici bir şekilde kurtuluşa nail olmuş insanların yüreklerinde kurtulmuş olmalarına rağmen hala fazlasıyla kötülük vardır, çünkü akıllarına estiği gibi yaşamışlardır.

Yeryüzünde imanla hiç bir şey yapmamış olmalarına rağmen, sadece İsa Mesih'i Kurtarıcı olarak kabul ederek göklerde ki ebedi yaşamın tadına varacakları ve cennette yaşayacakları için sonsuza dek Tanrı'ya minnetle dolu olacaklardır.

Cennet, Tanrı'nın Tahtının olduğu Yeni Yeruşalim'den çok farklıdır, ama cehenneme gitmedikleri ve kurtuldukları gerçeği, onları yeterince mutlu ve sevinçli kılar.

Ruhani İmanda Büyüme Eksikliği

İkinci olarak, insanlar İsa Mesih'i kabul edip iman sahibi olsalar bile, utançla dolu bir kurtuluşa nail olur ve imanlarında hiç bir büyüme yoksa cennete giderler. Sadece yeni inananlar değil, ama ayrıca uzun süredir inanıp imanlarında sürekli birinci seviyede kalanlarda cennete giderler.

Bir keresinde Tanrı, uzun zamandır imanı olup, cennetin bir kenarında ki Bekleme Yerinde kalan bir inananın tanıklığını duymamı sağlamıştı.

Tanrı'yı hiç bilmeyen, putlara tapan bir ailede doğmuş ve hayatının ileriki senelerinde Hristiyan yaşamına başlamıştı. Ancak gerçek bir imana sahip olamamış, hala günahın sınırları içinde yaşamış ve bir gözünün görüşünü kaybetmişti. Gerçek imanın ne olduğunu benim tanıklık ettiğim kitabım Ölümden Önce Sonsuz Yaşamı Tatma'yı okuduktan sonra kavramış, kiliseye kaydını yaptırmış ve daha sonra bu kilisede Hristiyan yaşamını sürdürürken ölerek göklere girmişti.

Kurtulduğu için sevinçle dolu tanıklığını duyabiliyordum, çünkü yeryüzünde onca keder, acı ve hastalık çektikten sonra cennete gitmişti.

> "Benliğimden sıyrıldıktan sonra burada öylesine özgür ve mutluyum. Benliğin şeylerine niçin bu kadar tutunmaya çabaladığımı bilmiyorum. Hepsi anlamsızdı. Benlikten kurtulup buraya geldiğimden beri, benliğin işlerine sarılmayı öylesine anlamsız ve gereksiz buluyorum.
>
> Yeryüzünde ki hayatımda sevinç ve şükranların, umutsuzluk ve hayal kırıklığının olduğu zamanlar oldu. Burada rahatlık ve mutluluk içersinde kendime baktığımda, anlamsız hayata tutunmaya çabaladığım ve kendimi bu anlamsız hayatın içinde tuttuğum zamanlar aklıma geliyor. Ama bu rahat yerde canımın sahip olmadığı hiç bir şey yok ve kurtuluş yerinde oluşumun kendisi bile içimi sevinçle dolduruyor.
>
> Bu yerde çok rahatım. Benliğimden kurtulduğum için öylesine rahatım ve bıkkınlık verici yeryüzünden

sonra geldiğim bu güzel yerde çok mutluyum. Benliği söküp atmanın bu kadar mutluluk verici bir şey olduğunu gerçekten bilmiyordum, ama benlikten kurtulduğum ve bu yere geldiğim için çok huzurlu ve sevinçliyim.

Görememek, yürüyememek ve bazı şeyleri yapamamak benim için o zamanlar fiziksel bir meydan okumaydı, ama ebedi yaşama kavuştuktan ve buraya geldikten sonra mutlu ve şükranla doluyum, çünkü tüm bu şeylere rağmen bu yerde yaşayacağımı biliyorum.

Bulunduğum yer göğün birinci, ikinci, üçüncü katı veya Yeni Yeruşalim değildir. Sadece cennetteyim, ama cennette olduğum için öylesine şükran ve sevinçle doluyum.

Can'ım bununla doygun.
Can'ım bunun için övgüler sunuyor.
Can'ım bunun için mutlu.
Can'ım bunun için minnettar.

Sevinçli ve şükranla doluyum çünkü fukara ve sefil yaşantımı sonlandırdım ve bu rahat yaşantının tadına vardım."

Sınamalar Karşısında İmanda Gerileme

Son olarak, sadık olan ama imanlarında pek çok sebepten dolayı ılıklaşan ve güçbelâ kurtuluşa nail olan insanlar vardır.

Kilise işlerinde sadakatle hizmet eden, kilisemin ihtiyarlarından olan bir adam vardı. Dışarından imanı çok büyük görünüyordu, ama bir gün ciddi bir şekilde hastalandı. Konuşamıyordu bile ve dualarımı almak üzere bana geldi. Şifa için dua etmek yerine, kurtuluşu için dua ettim. O an canı, ruhunu göklere almak isteyen meleklerle, cehenneme almak isteyen kötü ruhların mücadelesinin verdiği korkuyla büyük ıstırap çekiyordu. Eğer kurtulmak için yeterince imanı olsaydı, kötü ruhlar onu almaya gelmezdi. Dolayısıyla hemen kötü ruhları uzaklaştırmak ve Tanrı'ya bu adamı alması için dua ettim. Duadan sonra rahatladı ve gözyaşları döktü. Ölümünden hemen önce tövbe etti ve güçbelâ kurtuldu.

Kutsal Ruh'u almış olsanız ve diyakoz olarak atansanız veya kilise ihtiyarı olsanız bile, günahlarla Tanrı'nın gözleri önünde yaşamak utanç verici bir şeydir. Böylesi ılık bir ruhani yaşama sırt çevirmezseniz, içinizde ki Kutsal Ruh yavaş yavaş sizi terk eder ve kurtulamazsınız.

"Yaptıklarını biliyorum. Ne soğuksun, ne sıcak. Keşke ya soğuk ya sıcak olsaydın!" (Vahiy 3:15-16)

Bu sebeple, cennete gitmenin böylesi utanç verici bir kurtuluş olduğunu ve imanınızı olgunlaştırmak için çok daha hevesli ve gayretli olmanız gerektiğini anlamalısınız.

Bu adam, geçmişte dualarımı alarak bir keresinde sağlığına kavuşmuş ve hatta eşi bile ölümün kıyısından dualarım sayesinde hayata geri dönmüştü. Yaşamın sözlerini dinleyerek birçok sıkıntı yaşayan ailesi mutlu bir aile haline geldi. O zamandan beri çabaları sayesinde Tanrı'nın sadık bir kulu olarak imanda olgunlaştı ve vazifelerine bağlıydı.

Ama kilise bir sınamayla karşılaştığında, kiliseyi savunmak ve korumak için bir çaba göstermedi, ama bunun yerine düşüncelerinin şeytan tarafından yönlendirilmesine izin verdi. Ağzından çıkan sözler kendisi ve Tanrı arasında büyük bir günah duvarı ördü. Sonunda artık Tanrı'nın korumasından çıktı ve ciddi bir hastalık onu yakaladı.

Tanrı'nın bir çalışanı olarak gerçeğin karşısında olan hiç bir şeyi görmemeli ve dinlememeliydi, ama aksine onları dinleyip yaymayı istedi. Tanrı'nın ona sırt çevirmesinden başka seçeneği yoktu çünkü ciddi hastalıktan şifa bulmuş olmasına rağmen Tanrı'nın yüce lütuflarına sırtını dönmüştü.

Bu nedenle ödülleri bin bir parçaya ayrıldı ve dua edecek gücü bile bulamadı. İmanı geriledi ve sonunda kurtuluşa nail olup olmayacağından bile emin olamaz hale geldi. Şansı yaver gitti de Tanrı onun geçmişte kiliseye yapmış olduğu hizmetleri hatırladı. Dolayısıyla, daha önce yapmış olduğu işlerden dolayı Tanrı ona lütuf gösterip tövbe edebilmesini sağlamış ve böylece utanç verici kurtuluşa nail olmuştur.

Kurtarıldığından Dolayı Şükranla Dolu

Öyleyse bir kere kurtulup cennete gönderildikten sonra ne gibi şeyler söylemiştir. Göklerin ve cehennemin kavşağından kurtulduğundan, gerçek bir huzurla tanıklık ettiğini duyabiliyordum.

"Böyle kurtuldum. Cennette olmama rağmen doygunluk içersindeyim çünkü tüm korkularımdan

ve sıkıntılarımdan azat edildim. Karanlıklara düşen ruhum, bu güzel ve rahatlatıcı ışığın yanına geldi."

Cehennem korkusundan azat edildikten sonra sevinci nasıl da büyük olmalı! Ama kilisenin bir ihtiyarı olarak kurtuluşu utanç verici olmuştu. Cennette ki Bekleme Yerine gitmeden önce kaldığı ölüler diyarının yukarı mezarlığındayken, Tanrı onun tövbe duasını işitmemi sağladı. Orada da günahlarından tövbe etmiş ve onun için ettiğim dualara şükranlarını belirtmişti. Ayrıca tekrar göklerde kavuşana dek, kilise ve benim için sürekli dua edeceğine dair Tanrı'ya ant içmişti.

Yeryüzünde insanın yetiştirilmeye başlamasından beri göğün her hangi bir katına giren tüm insanlarla karşılaştırıldığında, cennete girenlerin sayısı daha fazladır.

Güçbelâ kurtulup cennete girebilenler cennetteki rahatlıktan ve kutsamalardan dolayı şükran ve mutlulukla doludurlar, çünkü yeryüzünde uygun Hristiyan hayatları sürdürmemelerine rağmen cehenneme düşmemişlerdir.

Ancak cennette ki mutluluk, Yeni Yeruşalim'de ki mutlulukla ve hatta kendinden sonra ki seviye olan göğün birinci katında ki mutlulukla mukayese dahi edilemez. Bu sebeple, Tanrı için önemli olanın imanla geçen seneler değil, ama Tanrı'ya olan yüreğiniz ve O'nun isteğine göre davranışlar sergilemeniz olduğunu anlamalısınız.

Bu gün pek çok insan Kutsal Ruh'u aldıklarını ilan ederken, günahkâr doğalarına teslimiyet içinde yaşarlar. Bu kişiler utanç verici kurtuluşa nail olurlar ya da sonunda cehennem olan ölümün kucağına düşerler, çünkü içlerinde ki Kutsal Ruh onları terk etmiştir.

Veyahut bazı sözde inançlılar Tanrı'nın Sözünü fazlasıyla öğrendikleri ve duydukları için kibirlenirler ve uzun süredir Hristiyan yaşantısı sürmelerine rağmen diğerlerini yargılar ve onlar hakkında hükümlere varırlar. Tanrı'ya hizmet etmekte ne kadar hevesli ve sadık olurlarsa olsunlar, kendi yüreklerinde ki kötülüğün farkına varmadıkları ve günahları içlerinden söküp atmadıkları sürece bir faydası yoktur.

Bu sebeple, Kutsal Ruh'u alan Tanrı çocuklarının Tanrı'nın Sözüne göre yaşamak için verdikleri mücadele de tüm günah ve kötülükleri içlerinden söküp atmaları için Rab'bin adıyla dua ediyorum.

7. Bölüm

Göksel Egemenliğin Birinci Katı

1. Güzelliği ve Mutluluğu Cennetin Çok Üstündedir
2. Ne Tip İnsanlar Göğün Birinci Katına Girer?

*Yarışa katılan herkes
kendini her yönden denetler.
Böyleleri bunu çürüyüp gidecek bir
defne tacı kazanmak için yaparlar.
Bizse hiç çürümeyecek bir
taç için yapıyoruz.*

- 1 Korintliler 9:25 -

Cennet, İsa Mesih'i kabul eden, ama imanlarıyla hiç bir şey yapmamış olanların gittiği yerdir. Yeryüzünden çok daha güzel ve mutlu bir yerdir. Öyleyse Tanrı'nın sözüne göre yaşamaya çabalayanların gittiği göğün birinci katı ne kadar daha güzel bir yerdir?

Göğün birinci katı, Tanrı'nın Tahtına cennetten daha yakındır ama göklerde daha birçok yer daha vardır. Ancak göğün birinci katına girenler kendilerine verilenlerden hoşnut ve mutlu olurlar. Tıpkı kavanoz akvaryumda olmaktan memnun olan ve daha fazla istemeyen Japon balığı gibi!

Cennette bir kademe daha yüksekte olan göğün birinci katının nasıl bir olduğunu ve ne tip insanların oraya girdiklerini detaylıca inceleyeceksiniz.

1. Güzelliği ve Mutluluğu Cennetin Çok Üstündedir

Cennet, imanları için hiç bir şey yapmamış olanların girdiği yer olduğundan, ödül olarak kişisel hiç bir eşya yoktur. Göğün birinci katından yukarılara doğru, ev ve taç gibi kişisel eşyalar ödül olarak verilir.

Göğün birinci katında ki kişi, kendi evinde kalır ve sonsuza dek bozulmayacak tacın sahibi olur. Göklerde bir kişinin kendi evine sahip olması öylesine bir görkemdir ki orada yaşayanların her biri cennetle kıyaslanamayacak bir mutluluğu hissederler.

Kişisel Evler Güzelce Süslenir

Göğün birinci katında ki şahsi evler birbirlerinden ayrı değildir ve daha çok yeryüzünde ki apartman dairelerine andırırlar. Ancak çimento ve tuğlalar yerine, altın ve mücevher gibi güzel göksel malzemelerle yapılmışlardır.

Bu evlerin merdivenleri yoktur. Sadece güzel asansörleri vardır. Yeryüzünde istediğiniz kata çıkmak için düğmeye basmanız gerekir, ama göklerde istediğiniz kata sizi otomatik olarak çıkarırlar.

Göklere gidenler arasında apartmanlar gördüklerine tanıklık edenler vardır ve bunun nedeni birçok göksel yer arasında göğün birinci katını görmüş olmalarıdır. Bu apartmana benzer evler yaşam için gerekli olan her şeye sahip olduklarından hiç bir zahmet yoktur.

Müzik sevenlerin çalmaları için müzik aletleri, kitap okumaktan zevk alanlar için kitaplar vardır. Herkesin dinlenmek için şahsi bir alanı vardır ve bu yer gerçekten sıcak bir yerdir.

Bu şekilde göğün birinci katının çevresi, kalan kişilerin tercihlerine göre yapılmıştır. Dolayısıyla cennetten çok daha güzel ve mutlu bir yerdir ve yeryüzünde asla hissedemeyeceğiniz sevinç ve rahatlıkla doludur.

Kamu Bahçeleri, Gölleri, Yüzme Havuzları ve Bunun Gibiler

Göğün birinci katında ki evler müstakil evler olmadığından, kamu bahçeleri, göller, yüzme havuzları ve golf alanları vardır. Tıpkı yeryüzünde ki apartmanlarda yaşayan insanların bahçeleri,

tenis kortlarını veya yüzme havuzlarını paylaşması gibi.
Bu kamusal yerler asla bozulmaz ya da eskimez. Melekler her zaman en iyi şekilde bakımlarını yaparlar. Kamusal mallar olsalar bile melekler insanlara bu tesisleri kullanmalarında her zaman yardım ederler ve dolayısıyla hiç bir zaman yoktur.
Cennette hizmet eden hiç bir melek yoktur ama göğün birinci katında insanlar meleklerden yardım alırlar. Dolayısıyla çok farklı sevinç ve mutluluk hissederler. Her ne kadar belli bir insana ait olan hiç bir melek yoksa da melekler tesislerle ilgilenirler.
Örneğin, sevdiklerinizle yaşam suyu ırmağının kenarlarında ki altından banklara oturmuş sohbet ederken, melekler hemen sizlere meyveler getirip hizmet ederler. Tanrı'nın çocuklarına yardım eden melekler olduğundan, hissedilen mutluluk ve sevinç cennetten çok farklıdır.

Göksel Egemenliğin Birinci Katı Cennetten Üstündür

Hatta çiçeklerin renkleri ve kokuları, hayvanların kürklerinin parlaklığı ve güzelliği bile cennetten farklıdır. Bunun nedeni Tanrı'nın göklerin her bir yerinde her şeyi insanların imanlarının seviyesine göre hazırlamış olmasıdır.
Bu dünya da bile insanların güzellikle ilgili farklı standartları vardır. Çiçekler üzerine uzman kişiler, bir çiçeğin güzelliğini birçok farklı etmene göre belirlerler. Göklerde ki her bir göksel yerde ki çiçeklerin kokusu farklıdır. Hatta aynı yerde bile her bir çiçeğin kendine özgü kokusu vardır.
Tanrı, çiçekleri bu şekilde yaratmıştır ki göğün birinci katında ki insanlar çiçekleri kokladıklarında çok iyi hissetsinler. Elbette ki göğün farklı yerlerinde ki meyvelerinde farklı tatları vardır.

Tanrı, her bir göksel yerin seviyesine göre, çeşitli renk ve kokuda meyveler yaratmıştır.

Önemli bir konuğu ağarlarken nasıl hazırlanır ve nasıl hizmet edersiniz? Konuğunuz için azami memnuniyeti sağlayacak ve onun damak tadına uygun şeyler sunacaksınız.

Tanrı, Çocukları her açıdan doygun olsun diye her şeyi dikkatle hazırlamıştır.

2. Ne Tip İnsanlar Göğün Birinci Katına Girer?

Cennet, imanın birinci seviyesinde olan, İsa Mesih'e inanarak kurtulan, ama Tanrı'nın egemenliği için hiç bir şey yapmamış olanların gittiği yerdir. Öyleyse cennetin üzerinde olan göğün birinci katına ne tip insanlar girer ve orada ebedi yaşamın keyfine varırlar?

Tanrı'nın Sözüne Göre Davranışlar Sergilemeye Çabalayan İnsanlar

Göğün birinci katı, İsa Mesih'i kabul eden ve Tanrı'nın Sözüne göre yaşamaya çabalayanların girdikleri yerdir. Rab'bi henüz kabul etmiş olanlar, Pazar ayinlerine gelir ve Tanrı'nın Sözünü dinlerler, ama günahın gerçekten ne olduğunu, niçin dua etmeleri gerektiğini ya da neden günahlarını söküp atmaları gerektiğini bilmezler. İmanın birinci seviyesinde olanlar, su ve Kutsal Ruh ile doğan ilk sevgiyi deneyim etmişlerdir, ama günahın ne olduğunu idrak etmedikleri gibi, henüz kendi günahlarını da keşfetmemişlerdir.

Ancak imanın ikinci seviyesinde ulaşırsanız, Kutsal Ruh'un yardımıyla günahlarınızı ve doğruluğu idrak edersiniz. Dolayısıyla hemen başaramazsanız bile, Tanrı'nın sözüne göre yaşamaya çabalarsınız. Bu, tıpkı düşüp kalkmayı tekrar eden bir bebeğin yürümeyi ilk öğrenişi gibidir.

Göğün birinci katı, Tanrı'nın Sözüne göre yaşamaya çabalayan bu tip insanların girdiği bir yerdir ve orada kendilerine verilen taçlar sonsuza dek bozulmaz. Nasıl sporcular oyunun kuralına göre oynamak zorundaysa (2. Timoteos 2:5-6), Tanrı'nın çocukları da gerçeğe göre yüce mücadeleyi vermek zorundadırlar. Eğer ruhani hükümranlığın Tanrı'nın yasası olan kurallarını tıpkı kurallara göre oynamayan bir atlet gibi kaile almazsanız, imanınız ölüdür. O zaman ortak edilmiş sayılmaz ve tacı alamazsınız.

Ancak göğün birinci katında yine de herkese taç verilir, çünkü eylemleri her ne kadar yeterli olmasa da Tanrı Sözüne göre yaşamaya çabalamışlardır. Ama bu bile utanç verici bir kurtuluştur. Çünkü kendilerini göğün birinci katına sokan imana sahip olsalar bile, tamamen Tanrı'nın Sözüne göre yaşamamışlardır.

Eğer İnsanların İşleri Ateşte Yanarsa Utanç Verici Kurtuluştur

Öyleyse "utanç verici kurtuluş" tam olarak nedir? 1. Korintliler 3:12-15'de kişinin yapmış olduğu işlerin ya ateşte yanacağını ya da ateşe dayanacağını görürsünüz.

"Bu temel üzerine kimi altın, gümüş ya da değerli

taşlarla, kimi de tahta, ot ya da kamışla inşa edecek. Herkesin yaptığı iş belli olacak, yargı günü ortaya çıkacak. Herkesin işi ateşle açığa vurulacak. Ateş her işin niteliğini sınayacak. Bir kimsenin inşa ettikleri ateşe dayanırsa, o kimse ödülünü alacak."

Burada "temel" İsa Mesih'tir ve bu temel üzerine her ne inşa ettiyseniz ateşin sınamalarıyla su yüzüne çıkacak anlamına gelir.

Altın, gümüş ve değerli taşlar misali imanları olanların işleri ateşin sınamalarına dayanacaktır, çünkü onlar Tanrı'nın Sözüne göre davranışlar sergilemişlerdir. Fakat tahtanın, otun veya kamışın işleri ateşin sınamalarında yanacaktır, çünkü onlar Tanrı sözüne göre davranmamışlardır.

Eğer bunları imanın ölçüleri olarak sınıflandıracak olursak; altın beşinci (en yüksek), gümüş dördüncü, değerli taş üçüncü, tahta ikinci ve ot en düşük olan birincidir. Tahta ve otta hayat vardır ve tahta gibi iman, kişinin yaşayan bir imanı olduğu, ama bu imanın zayıf olduğu anlamına gelir. Ancak kamış kurudur ve onda hayat yoktur. Dolayısıyla hiç bir imanları da yoktur.

Dolayısıyla, hiç bir imanları olmayanların kurtuluşla da bir alakaları olmaz. Ateşten sınanmalarla yanacak olan tahtanın ve otun işleri utanç verici kurtuluşa sahip olacaklardır. Tanrı, altın, gümüş ve değerli taşların imanlarını tanıyacak, ama tahtanın ve otun imanlarını tanımayacaktır.

Eylemsiz İman Ölüdür

Bazıları, "Çok uzun zamandan beri Hristiyanım. Dolayısıyla, imanın birinci seviyesini çoktan geçmiş olmalıyım ve göğün birinci katına gidebilirim." diye düşünebilirler. Ama gerçek bir iman sahibiyseniz, aşikâr bir şekilde Tanrı Sözüne göre yaşıyorsunuzdur. Eğer yasayı çiğnerseniz ve günahlarınızı söküp atamıyorsanız, değil göğün birinci katı, ama cennet bile sizin için ulaşılması güç bir yer olabilir.

İncil Yakup 2:14'de şöyle sorar, *"Kardeşlerim, bir kimse iyi eylemleri yokken imanı olduğunu söylerse, bu neye yarar? Böylesi bir iman onu kurtarabilir mi?"* Eğer eylemleriniz yoksa kurtulamayacaksınız. Eylemsiz iman ölüdür. Dolayısıyla günaha karşı mücadele vermeyenler kurtulamazlar, çünkü tıpkı aldığı minanı bir mendile sarıp saklayan adam gibidirler (Luka 19:20-26).

Burada "minan" Kutsal Ruh'tur Tanrı, Kutsal Ruh'u yüreklerini açanlara ve İsa Mesih'i Kurtarıcı olarak kabul edenlere bir armağan olarak verir. Kutsal Ruh günahı, doğruluğu ve yargıyı idrak etmenizi sağlar ve kurtulup göklere girmenize yardım eder.

Tanrı'ya olan inancınızı ilan eder, ama ne Kutsal Ruh'un arzularını izlemeyerek ne de gerçeğe göre davranışlar sergilemeyerek yüreğinizin sünnetini gerçekleştirmezsiniz, Kutsal Ruh yüreğinizde kalmaz. Fakat Kutsal Ruh'un yardımıyla günahlarınızı söküp atar ve Tanrı'nın sözüne uygun davranırsanız, gerçeğin ta kendisi olan İsa Mesih'in yüreğini yansıtırsınız.

Bu nedenle Kutsal Ruh'u alan Tanrı'nın çocukları yüreklerini kutsallaştırmalı ve mükemmel kurtuluş için Kutsal Ruh'un meyvelerini vermelidirler.

Fiziksel Açıdan Sadık Ama Ruhani Sünnetten Yoksun

Bir keresinde Tanrı ölerek göğün birinci katına giden bir üyeyi bana ifşa etmiş ve eylemlerin eşlik ettiği imanın önemini göstermişti. Bu üye, yüreğinde hiç bir ihanet olmadan kilisenin finansman bölümüne 18 yıl boyunca hizmet etmişti. Tanrı'ya karşı olan tüm diğer işlerinde de sadıktı ve ihtiyar unvanı kendisine verilmişti. Birçok iş de sayısız meyve vermek için çabaladı ve sıklıkla kendisine "Tanrı'nın egemenliğini daha iyi nasıl başarabilirim?" sorusunu sorarak Tanrı'yı yüceltti.

Ama sıklıkla kendi çıkarını arayan benliğin düşünceleri ve yüreği yüzünden doğru yolu izlemeyerek bazen Tanrı'yı gözden düşürdü. Bunun yanı sıra, dürüst olmayan söylemlerde bulundu, diğerlerine kızdı ve birçok açıdan Tanrı'nın sözüne itaat etmedi.

Diğer bir deyişle, fiziksel açıdan sadık, ama en önemlisi olan ruhani sünnetten yoksun olduğundan, imanın ikinci seviyesinde kaldı. Eğer finansal ve kişilerle olan sorunları daim olmasaydı, doğruluk dışı duruma taviz vererek imanını korumayacaktı.

Sonunda gerilemiş imanı onun cennete girmesine izin veremeyecek hale gelmişken, Tanrı canını en iyi zaman da aldı.

Ölümünden sonra ruhani iletişim yoluyla minnettarlığını ifade etti ve pek çok kez tövbe etti. Doğruluk yolunu izlemediği için papazların kalplerini kırmaktan, diğerlerinin düşmesine neden olmaktan ve onları gücendirmekten ve dinledikten sonra bile Tanrı'nın sözüne göre davranışlar sergilememekten dolayı tövbe etti. Ayrıca yeryüzündeyken tüm hatalarından tümüyle tövbe etmediği için baskı hissettiğini, ama şimdi hatalarını itiraf ettiği için mutlu olduğunu da belirtti.

Bir kilise ihtiyarı olarak cennete girmemiş olduğu için ayrıca şükranla doluydu. Kilise ihtiyarı unvanını alan bir kişi olarak göğün birinci katında olmak bile utanç vericiydi, ama yine de kendini daha iyi hissediyordu, çünkü göğün birinci katı cennetten çok daha görkemli bir yerdi.

Dolayısıyla fiziksel sadakat ve unvanlardan ziyade en önemli şeyin yüreğin sünnetini gerçekleştirmek olduğunu idrak etmelisiniz.

Tanrı Sınamalar Yoluyla Çocuklarını Göğün En İyi Yerlerine Alır

Bir atletin kazanması için nasıl zorlu bir eğitim ve saatlerce süren idmanlara ihtiyacı varsa, sizin de en iyi göksel yerlere gidebilmeniz için sınamalarla yüzleşmeniz gerekir. Tanrı, çocuklarının göğün en iyi yerlerine girmesi için sınamalardan geçmesini sağlar ve bu sınamalar üç kategoriye ayrılır.

İlki, günahları söküp atmak için verilen sınamalardır. Tanrı'nın gerçek çocukları olabilmek için, kanınızı dökme pahasına günahlarınızla savaşmalısınız ki günahları kendinizden uzaklaştırabilesiniz. Ancak Tanrı bazen çocuklarını cezalandırır, çünkü günahlarını söküp atmak yerine, onlarla yaşamaya devam ederler (İbraniler 12:6). Nasıl ebeveynler çocukları doğru yola girsin diye onları bazen cezalandırıyorsa, Tanrı'da sınamalar yoluyla çocuklarının mükemmelleşmesini ister.

İkincisi, yüreği temizlemek ve kutsamaları vermek için sınamalar vardır. Bir çocukken bile Davut, koyununu kurtarmak için ayıyı, sürüsünü kurtarmak için aslanı öldürmüştü. Öylesine büyük bir imanı vardı ki İsrail ordusunun korktuğu Golyat'ı bile sapan ve taşla öldürdü. Kral Saul tarafından kovalanmak gibi sınamalardan geçmesinin tek nedeni, Tanrı'nın Davut'un yüreğini saf ve büyük bir kral yapmaya çalışmasıydı.

Üçüncüsü, durağanlığı sonlandıran sınamalar vardır, çünkü insanlar huzurda olduklarında Tanrı'yı unutabilir. Örneğin Tanrı'nın egemenliğine sadık olan bazı insanlar vardır ve sürekli olarak finansal kutsamalar alırlar. Sonra dua etmeyi keser ve Tanrı için duydukları heyecanı kaybederler. Eğer Tanrı onları bu şekilde bırakırsa ölümün kucağına düşebilirler. Dolayısıyla, Tanrı onların net bir zihne sahip olması için sınamaları karşılarına çıkarır.

Günahlarınızı söküp atmalı, doğru davranışlar sergilemeli, iman için sınamaları karşınıza çıkaran Tanrı'nın yüreğini idrak etmek için O'nun gözünde yürekte uygun kişiler olmalısınız. Tanrı'nın sizin için hazırladığı olağanüstü kutsamaları tamamen alacağınızı ümit ediyorum.

Bazıları, "Değişmek istiyorum ama denememe rağmen bu hiçte kolay değil." diye düşünebilirler. Ancak böyle demesinin sebebi değişimin gerçektende zor oluşu değildir. Bunun nedeni yüreğinin derinliklerinde değişmek için istek ve tutkunun yoksunluğudur.

Tanrı'nın sözünü ruhani olarak idrak eder ve yüreğinizin derinliklerinden değişmeye çabalarsanız, çok çabuk değişebilirsiniz, çünkü Tanrı size bunu yapabilmeniz için lütuf ve güç verir. Elbette ki Kutsal Ruh'ta size yardım eder. Tanrı sözünü kafanızda sadece bir bilgi parçası olarak biliyor ve buna uygun davranmıyorsanız, büyük bir ihtimalle kibirli ve kendini beğenmiş olursunuz ve bu durumda kurtulmanızda zor olacaktır.

Bu sebeple, ilk sevginizin tutku ve sevincini kaybetmemeniz ve göklerde çok daha iyi yerlere sahip olmak için Kutsal Ruh'un arzusunu izleminiz için Rab'bin adıyla dua ediyorum.

8. Bölüm

Göksel Egemenliğin İkinci Katı

1. Herkese Güzel Şahsi Evler Verilir
2. Ne Tip İnsanlar Göğün İkinci Katına Girer?

*Bu nedenle aranızdaki ihtiyarlara,
onlar gibi bir ihtiyar,
Mesih'in çektiği acıların tanığı,
açığa çıkacak olan yüceliğin
paydaşı olarak rica ediyorum:
Tanrı'nın size verdiği sürüyü güdün.
Zorunluymuş gibi değil,
Tanrı'nın istediği gibi gönüllü
gözetmenlik yapın.
Para hırsıyla değil, gönül rızasıyla,
size emanet edilenlere egemenlik taslamadan,
sürüye örnek olarak görevinizi yapın.
Baş Çoban göründüğü zaman
yüceliğin solmaz tacına kavuşacaksınız.*

- 1 Petrus 5:1-4 -

Gökler hakkında ne kadar çok şey duymuş olursanız olun, eğer onu yüreğinizde keşfetmezseniz bir anlamı yoktur, çünkü inanamazsınız. Nasıl yol kenarına düşen tohumları kuşlar yediyse, şeytan ve ibliste sizden göklerle ilgili sözü kapıp götürmek isterler (Matta 13:19).

Fakat göklerle ilgili sözü dinler ve ona tutunursanız, umutla dolu ve imanlı bir hayat sürebilir, ekildiğinin otuz, altmış ya da yüz katı daha fazla ürün verebilirsiniz. Tanrı'nın sözüne göre davranışlar sergilediğiniz için, sadece vazifelerinizi yerine getirmekle kalmaz, ama Tanrı'nın tüm evinde kutsal ve sadık olursunuz. Öyleyse göğün ikinci katı nasıl bir yerdir ve ne tip insanlar oraya girerler?

1. Herkese Güzel Şahsi Evler Verilir

İşleri ateşle sınandığında dayanmadığı için, cennete ve göğün birinci katına gidenlerin utanç verici bir şekilde kurtulduklarını daha önce anlattım. Ancak göğün ikinci katına gidenler, ateşten sınamalara dayanabilen imanlara sahiptirler ve ne cennetle ne de göğün birinci katında verilen ödüllerle kıyaslanamayacak ödüller alırlar çünkü Tanrı'nın doğruluğu insanlara ne ekerlerse onun karşılığını verir.

Bu sebeple, eğer göğün birinci katına giden birinin mutluluğu kavanoz akvaryumda ki Japon balığıysa, ikinci kata giden birinin mutluluğu ancak engin Pasifik okyanusunda ki balinayla kıyaslanabilir Şimdi evlere ve yaşantılara odaklanarak göğün ikinci katının özelliklerine bakalım.

Tek-katlı Müstakil Evler Herkese Verilir

Göğün birinci katında ki evler apartmanlar gibidir, ama göğün ikinci katındakiler tamamen müstakil, tek-katlı evlerdir. Göğün ikinci katında ki evlerin hiç biri yeryüzünde ki müstakil evler, kır evleri ya da yazlık villalarla mukayese edilemez. Büyük ve güzeldirler. Çiçekler ve ağaçlarla süslenmişlerdir.

Eğer göğün ikinci katına giderseniz, size sadece ev verilmez, ama ayrıca en sevdiğiniz nesnede size verilir. Eğer havuz istiyorsanız, altın ve mücevherle süslenmiş bir yüzme havuzuna sahip olursunuz. Göl isterseniz, göl size verilir. Büyük bir salon arzu ediyorsanız, büyük salonu alırsınız. Eğer yürümeyi seven biriyseniz, birçok hayvanın çevresinde oynadığı çiçekler ve ağaçlarla bezenmiş güzeller güzeli bir yol size verilecektir.

Ancak tüm bu saydıklarımızın hepsinden sadece en çok istediğinize sahip olabilirsiniz. Göğün ikinci katında her insanın sahip olduğu şeyler farklı olduğundan, birbirlerini ziyaret ederek bunlardan faydalanabilirler.

Eğer bir kişinin büyük bir salonu varsa ve canı yüzmek istiyorsa, yüzme havuzu olan komşusuna giderek havuzun keyfini çıkarabilir. Göklerde insanlar birbirlerine hizmet ederler ve asla rahatsız edilmiş hissetmez ve bir konuğu reddetmezler. Aksine daha memnun ve mutlu hissederler. Kısaca, canınız bir şey çekiyorsa buna sahip olan komşunuza giderek keyfine varabilirsiniz.

Birçok açıdan göğün ikinci katı, göğün birinci katından

çok daha iyi bir yerdir. Elbette ki Yeni Yeruşalim'le mukayese bile edilmez. Tanrı'nın her bir çocuğuna hizmet eden melekler yoktur. Evlerin güzelliği, büyüklüğü ve görkemi çok farklıdır ve tabii ki bu evleri süsleyen malzemeler, renkler ve kullanılan mücevherlerin parlaklığı da farklılık gösterir.

Güzel ve Göz Alıcı Işıklardan Kapı Tabelası

Göğün ikinci katında ki ev, tabelalı ve tek-katlı müstakil bir evdir. Kapı tabelası ev sahibinin kim olduğunu gösterir ve bazı özel durumlarda ev sahibinin hizmet ettiği kilisenin adını yazar. Güzel ve göz alıcı ışıkların parladığı kapı tabelalarında Arapça ve İbraniceye benzeyen göksel dillerde ev sahibinin adıyla birlikte bu bilgiler yazılmıştır. Dolayısıyla göğün ikinci katında ki insanlar derin bir iç çekişle, "Oh! Burası falanca kilisede hizmet etmiş falanca kişinin evi." derler.

Niçin özellikle kilisenin adı yazılacaktır? Tanrı, Rab'bin gökte ikinci gelişini karşılamak üzere büyük tapınağı inşa etmiş kiliseye hizmet edenlere bir gurur ve görkem kaynağı olsun diye bunu yapmıştır.

Ancak göğün üçüncü katı ve Yeni Yeruşalim'de ki evlerde kapı tabelaları yoktur. Göksel egemenliğin bu katların da fazla insanda yoktur. Evlerden gelen kendine has ışık ve güzel kokularla, buralarda kimlerin yaşadığını hemen anlarsınız.

Bütünüyle Kutsallaşmamaktan Üzüntü Duyma

Bazıları şöyle düşünebilir, "Cennette şahsi evler olmadığından ve göğün birinci katında da sadece tek bir şeye sahip olunduğundan göklerde bu durum külfet yaratmayacak mı?" Göksel Egemenlikte yetersiz ya da külfetli hiç bir şey yoktur. İnsanlar asla rahatsız hissetmezler, çünkü bir arada yaşarlar. Mallarını bir başkasıyla paylaşma konusunda cimri değillerdir. Başkalarıyla mallarını paylaşmaktan dolayı şükranla doludurlar ve bunu büyük bir mutluluk kaynağı sayarlar.

Ayrıca ne tek bir şeye sahip olmaktan üzüntü duyar ne de başkalarının sahip oldukları şeylere haset ederler. Aksine yürekten duygulanır, hak ettiklerinden fazlasını veren Baba olan Tanrı'ya şükran duyar ve her daim değişmeyen sevinç ve memnuniyetten ötürü de doygun hissederler.

Üzüntü duydukları tek şey, yeryüzünde yaşarken daha fazla çabalamamış ve tamamen kutsallaşamamış olmalarıdır. İçlerinde ki kötülüğü tamamen söküp atamadıkları için Tanrı'nın önünde olmaktan utanç duyarlar. Hatta göğün üçüncü katı ve Yeni Yeruşalim'e girenleri gördüklerinde, onların sahip oldukları büyük evler ve görkemli ödüllerden dolayı çekemezlik duygusuna kapılmaz, ama kendilerini bütünüyle kutsallaştıramadıkları için üzgün hissederler.

Tanrı adil olduğundan sizin ne ekerseniz onu biçmenize izin verir ve yaptıklarınıza göre karşılık alırsınız. Dolayısıyla, yeryüzünde kutsallaşma ve sadık olma durumunuza göre göklerde size bir yer ve ödüller verir. Tanrı sözüne göre yaşama ölçünüze bağlı olarak sizi uygun ve hatta bolca ödüllendirecektir.

Eğer tamamen Tanrı Sözüne göre yaşamışsanız, göklerde arzuladığınız her neyse size %100 verecektir. Ama tamamen Tanrı sözüne göre yaşamamışsanız, yine de bolca olmak üzere yaptıklarınıza göre sizi ödüllendirecektir.

Bu sebeple, göklerin hangi seviyesine girerseniz girin,

yeryüzünde yapmış olduklarınızdan çok daha fazlasını veren Tanrı'ya her zaman şükran içinde olacak, sonsuza dek sevinç ve mutlulukla yaşayacaksınız.

Yüceliğin Solmaz Tacı

Bolca ödüllendiren Tanrı, göğün birinci katına girenleri çürümeyecek bir taçla ödüllendirir. Göğün ikinci katına girenlere nasıl bir taç verilir?

Her ne kadar tamamen kutsallaşmamış olsalar da, vazifelerini yerine getirerek Tanrı'yı yüceltmişlerdir. Dolayısıyla yüceliğin solmaz tacını alırlar. Eğer 1. Petrus 5:1-4'ü okursanız, Tanrı'nın sözüne göre sadakatle yaşayarak örnek olanlar yüceliğin solmaz tacıyla ödüllendirilirler.

> *"Bu nedenle aranızdaki ihtiyarlara, onlar gibi bir ihtiyar, Mesih'in çektiği acıların tanığı, açığa çıkacak olan yüceliğin paydaşı olarak rica ediyorum: Tanrı'nın size verdiği sürüyü güdün. Zorunluymuş gibi değil, Tanrı'nın istediği gibi gönüllü gözetmenlik yapın. Para hırsıyla değil, gönül rızasıyla, size emanet edilenlere egemenlik taslamadan, sürüye örnek olarak görevinizi yapın. Baş Çoban göründüğü zaman yüceliğin solmaz tacına kavuşacaksınız."*

Bu tacın "yüceliğin solmaz tacı" olarak adlandırılmasının sebebi, göklerde ki tüm taçların sonsuz oluşu ve asla solmayacak olmalarıdır. Göklerin, bir tacın bile asla eskimeyeceği ebedi bir yer olduğunu idrak etmelisiniz.

2. Ne Tip İnsanlar Göğün İkinci Katına Girer?

Kore Cumhuriyeti'nin başkenti Seul'da şehirler ve şehirlerin çevresinde uydu şehirler ve bu şehirlerin çevresinde de varoşlar vardır. Aynı şekilde, göklerde Yeni Yeruşalim göğün üçüncü katının ortasında bulunur ve üçüncü katın çevresinde göksel egemenliğin ikinci katı, birinci katı ve cennet bulunur. Göğün birinci katı, Tanrı'nın sözüne göre yaşamaya çabalamış, imanın ikinci seviyesinde olanların girdiği yerdir. Göğün ikinci katına ne tip insanlar girer? Tanrı'nın Sözüne göre yaşayabilmiş, imanın üçüncü seviyesinde olanlar göğün ikinci katına girerler. Şimdi detaylıca göğün ikinci katına giren insanları inceleyelim.

Göksel Egemenliğin İkinci Katı:
Tamamen Kutsallaşmamış İnsanların Yeri

Tanrı'nın sözüne göre yaşamış, vazifelerinizi yerine getirmiş, ama tamamen kutsallaşmamışsanız, göğün ikinci katına girersiniz.

Eğer yakışıklı, zeki ve akıllıysanız, besbelli çocuklarınızın size andırmasını isteyeceksiniz. Aynı şekilde, kutsal ve mükemmel olan Tanrı, çocuklarının kendisini yansıtmasını ister. Kendisini seven ve buyruklarını tutan çocuklar arzular. Bu çocuklar, Tanrı'yı sevdikleri ve vazife duygusundan yoksun olmadıkları için buyruklarına itaat ederler. Nasıl birini gerçekten sevdiğinizde onun için zor olanı bile yapıyorsanız, Tanrı'yı da gerçekten yüreğinizle seviyorsanız, O'nun buyruklarına yüreğiniz sevinçle dopdolu olarak tutarsınız.

Sevinç ve şükranla dolu buyruklarına itaat edecek, sizden

istediklerini yerine getirecek, söküp atmanızı istediklerini atacak, yasakladığı şeyleri yapmayacak ve size yapmanızı söylediklerini yapacaksınız. Ancak imanın üçüncü seviyesinde olanlar, tam bir sevinç ve şükranla Tanrı'nın sözüne göre davranışlar sergileyemezler, çünkü sevginin bu seviyesine henüz erişmemişlerdir.

Kutsal Kitap'ta benliğin işleri (Galatyalılar 5:19-21) ve tutkuları (Romalılar 8:5) vardır. Yüreğinizde ki kötülüğü eyleme döktüğünüzde, buna benliğin işleri denir. Yüreğinizde olan ama henüz açığa çıkmamış olan günahın doğasına da benliğin tutkuları denir.

İmanın üçüncü seviyesinde olanlar, benliğin dışta görülebilen tüm işleri söküp atabilmişler, ama yüreklerinden benliğin tutkularını atamamışlardır. Tanrı'nın onlardan yerine getirmesini istediklerini getirir, uzaklaştırmasını istediklerini uzaklaştırır, yasakladığı şeylere uyar ve yapılmasını istediklerini yaparlar. Ancak yüreklerinde ki kötülük hala çıkarılıp atılmamıştır.

Eğer tamamen kutsallaşmamış bir yürekle vazifelerinizi yerine getiriyorsanız, göğün ikinci katına girersiniz. "Kutsallaşma," yüreğinizde ki her türlü kötülüğü söküp atma ve sadece iyiliği taşıma durumudur.

Örneğin farz edelim ki nefret ettiğiniz biri var. Tanrı'nın "Nefret etme." sözünü işittikten sonra ondan nefret etmemeye çabalar ve sonunda nefretinizi yenersiniz. Ancak bu kişiyi tüm yüreğinizle gerçek anlamda sevmezseniz, henüz kutsallaşmamışsınızdır.

Bu nedenle imanın üçüncü seviyesinden dördüncü seviyesine büyümek için, kanınızı dökme pahasına günahlarınızı söküp atmanız çok önemli bir rol oynar.

Tanrı'nın Lütfuyla Vazifelerini Yerine Getiren İnsanlar

Göğün ikinci katı yüreklerinde tam anlamıyla kutsallaşmayı başaramamış, ama Tanrı tarafından verilen vazifeleri yerine getirmiş insanların olduğu yerdir. Manmin Joong-ang Kilisesine hizmet ederken ölen bir kilise üyesinin örneğine bakarak, göğün ikinci katına ne tip insanların girdiğini inceleyelim.

Kurulduğu yıl Manmin Joong-ang Kilisesine kocasıyla birlikte gelmişti. Ciddi hastalıklar geçiren kendisi dualarımı aldıktan sonra iyileşmiş ve tüm ailesi iman etmişti. İmanda olgunlaşmışlardı ve kendisi kıdemli bir diyakoz, eşi ise kilise ihtiyarı olmuştu. Çocukları büyümüş ve Rab'be bir rahip, rahibin eşi ve kilise hizmetlisi olmuşlardı.

Ancak her türlü kötülüğü söküp atmakta ve vazifelerini tam anlamıyla yerine getirmekte başarısız olmuştu. Ama sonunda Tanrı'nın lütfuyla tövbe ederek ve vazifelerini yerine getirerek vefat etmişti. Tanrı bana onun göğün ikinci katına gittiğini bildirmiş ve ruhuyla iletişim kurabilmeme izin vermişti.

Göklere gittiğinde en çok üzüntü duyduğu şey, tamamen kutsallaşabilmek için tüm günahlarını söküp atamamak, ona şifa vermek için dualar eden ve sevgiyle öncülük eden çobanına tüm yüreğiyle şükranlarını itiraf edememek olmuştu.

Ayrıca imanıyla gerçekleştirdiklerine, Tanrı'ya verdiği hizmetlere, ağzıyla söylediği şeylere şöyle bir gözden geçirdiğinde, sadece göğün birinci katına girebileceğini düşünmüştü. Ama yeryüzünde çok az bir zamanı kaldığında çobanının sevgi dolu duası ve Tanrı'yı hoşnut eden eylemleriyle imanı hızla büyümüş ve göğün ikinci katına girebilmişti.

Ölmeden önce imanı gerçekten hızla büyümüştü. Duaya

odaklanmış ve bulunduğu muhitte binlerce kilise gazetesi dağıtmıştı. Kendine bakmamış, ama sadakatle sadece Rab'be hizmet etmişti.

Bana göklerde yaşayacağı evden bahsetmişti. Tek-katlı bir ev olmasına rağmen, güzel çiçek ve ağaçlarla mükemmel bir şekilde süslendiğini söylemiş ve yeryüzünde ki evlerle mukayese dahi edilemeyecek kadar büyük ve göz alıcı olduğunu anlatmıştı.

Elbette ki göğün üçüncü katı ve Yeni Yeruşalim'de ki evlerle kıyaslandığında kamıştan evler gibi kalırlar, ama hak etmediği için öylesine şükran dolu ve doygundu. Yeni Yeruşalim'e gitmeleri için şu mesajın ailesine iletilmesini istedi.

> "Gökler kusursuz bir şekilde sınıflandırılmıştır. Her yerin görkem ve ışığı farklıdır. Dolayısıyla onları Yeni Yeruşalim'e girmeleri için tekrar tekrar teşvik ediyorum. Hala yeryüzünde olan aile üyelerime, Baba olan Tanrı ile göklerde karşılaştığımızda, günahlarımızdan tümüyle arınmamış olmamızın ne kadar utanç verici olduğunu söylemek istiyorum. Yeni Yeruşalim'e girenlere Tanrı'nın verdiği ödüller ve evlerin büyüklüğü gıpta edici, ama aileme, Tanrı'nın önünde tüm günahlardan arınmamış olmanın ne kadar üzücü ve utanç verici olduğunu söylemek istiyorum. Bu mesajı aile üyelerime iletmek istiyorum ki tüm kötülükleri söküp atabilsinler ve görkemle dolu Yeni Yeruşalim'e girebilsinler."

Bu sebeple, yüreğinizi kutsallaştırmanın ne kadar değerli ve kıymetli olduğunu idrak etmenizi ve gökler için umut besleyerek

Tanrı'nın egemenliği ve doğruluğuna günlük yaşamanızı adamanızı diliyorum. Böylece var gücünüzle Yeni Yeruşalim'e doğru ilerleyeceksiniz.

Her şeyde Sadık olan Ama Doğrulukla İlgili Kendi Yanlış Yapılarından Dolayı İtaatsiz Olan İnsanlar

Şimdi de Rab'bi seven ve vazifelerini sadakatle yerine getiren, ama imanında ki bazı noksanlar nedeniyle göğün üçüncü katına gidemeyen bir başka üyenin örneğine bakalım.

Manmin Joong-ang kilisesine kocasının hastalığı için gelmiş ve çok aktif bir üye olmuştu. Kocası kiliseye sedyeyle getirilmiş, ama acısı dinmiş ve ayağa kalkarak yürümeye başlamıştı. Ne kadar çok minnettar ve sevinçli olduğunu siz düşünün! Eşini iyileştiren Tanrı'ya ve sevgiyle dua eden rahibine her zaman şükranla doluydu. Her zaman sadıktı. Tanrı'nın egemenliği için dua ediyor ve yürürken, otururken, ayakta dururken ve hatta yemek pişirirken bile çobanına şükranla dua ediyordu.

Ayrıca Mesih'te ki kız ve erkek kardeşlerini sevdiğinden, teselli edilmekten ziyade başkalarını teselli ediyor, diğer inananları teşvik ediyor ve onlara göz kulak oluyordu. Sadece Tanrı'nın Sözüne göre yaşamayı arzuluyor ve kanını dökme pahasına günahlarını söküp atmak için çabalıyordu. Dünyevi mallara asla imrenmedi ve iç çekmedi, ama sadece müjdeyi komşularına duyurmaya odaklandı.

Tanrı'nın egemenliğine böylesine sadık olduğundan kalbim onun bağlılığı karşısında Kutsal Ruh ile doldu ve ondan kiliseme hizmet etmesini istedim. Vazifelerini sadakatle yerine getirdiği takdirde, onun ve ailesinin ruhani imana sahip olacaklarına inanmıştım.

Ancak kendi koşullarını göz önünde bulundurduğu ve benliğin düşünceleriyle yoğrulduğu için itaat etmedi. Kısa bir süre sonra da vefat etti. Kalbim kırılmıştı ve Tanrı'ya dua ederken onun ruhani iletişim yoluyla söylediklerini duyabiliyordum.

> "Çobana itaat etmediğim için tekrar ve tekrar tövbe etsem bile, zamanı geriye çeviremem. Dolayısıyla, sadece Tanrı'nın egemenliği ve çoban için daha fazla dua ediyorum. Sevgili kardeşlerime söyleyebileceğim tek şey, çobanın ilan ettiği Tanrı'nın isteğidir. Tanrı'nın isteğine itaatsizlik etmek en büyük günahtır ve onunla beraber bir diğer büyük günah kızgınlıktır. Bunun yüzünden insanlar zorluklarla karşılaşırlar ve kızgın olmamam, ama yüreğimi alçakgönüllü kılmam ve tüm yüreğimle itaat etmek için mücadele vermem konusunda tenkit edilmiştim. Rab'bin borazanını üfleyen kişi ben oldum. Sevgili kardeşlerimi karşılayacağım gün çok yakında gelecek. Tüm samimiyetimle sadece sevgili kardeşlerimin net bir zihne sahip olmalarını ve bu günü dört gözle beklemeleri için hiç bir şeyden yoksun olmamalarını umut ediyorum."

Bunlardan çok daha fazlasını söylemiş ve bana göğün üçüncü katına gidememesinin nedeni olarak itaatsizliğini göstermişti.

> "Göğün bu katına gelene dek itaatsizlik ettiğim bir kaç şey olmuştu. Bazen mesajı dinlerken

"Hayır, Hayır, Hayır." diyordum. Vazifelerimi tam anlamıyla yerine getirmedim. Vazifelerimi yerine getirebileceğimi düşünmüştüm. Durumum iyileştiğinde, benliğin düşüncelerine teslim oldum. Bu, Tanrı'nın gözünde öylesine büyük bir hataydı."

Ayrıca papazları, kilisenin finansıyla uğraşanları gördüğünde hasetle dolduğunu, çünkü onların göklerde alacağı ödüllerin büyük olacağını düşündüğünü de söyledi. Ancak göklere gittiğinde durumun böyle olmadığını anladığını da söyledi.

"Hayır! Hayır! Hayır! Sadece Tanrı'nın isteğine göre davrananlar büyük ödüllere ve kutsamalara sahip olacaklar. Eğer liderler hata yaparsa, bu herhangi bir üyenin hata yapmasından çok daha büyük bir günahtır. Onlar daha çok dua etmeli. Liderler çok daha fazla imanlı olmalı. Daha iyi öğretmeliler. Sezgi ve ayırt edebilme yetenekleri olmalı. Bu sebeple dört müjdenin birinde kör adam, kör adama liderlik yapar yazılmıştır. 'İçinizden çok kişinin öğretmen olmasına izin vermeyin" sözünün anlamı, kişi kendi işinde çok iyi olmaya çabalıyorsa, kutsanacaktır demektir. Birbirimizle Tanrı'nın çocukları olarak ebedi egemenlikte buluşacağımız gün şimdi çok yakın. Bu sebeple herkes benliğin işlerini söküp atmalı, doğru kişiler olmalı ve Tanrı'nın önünde durduklarında hiç bir utanç taşımadan Rab'bin bir gelini olmak için uygun niteliklere sahip olmalıdırlar."

Bu sebeple, bir görev duygusuyla değil, ama yüreğinizde sevinçle ve Tanrı sevgisiyle itaat etmenin ve yüreğinizi kutsallaştırmanın ne kadar önemli olduğunu anlamalısınız. İlaveten, sadece kiliseye giden biri olmamalı, ama Baba şu anda canınızı çağıracak olsa göklerde nereye gideceğiniz konusunda da kendinizi tartmalısınız.

Tamamen kutsallaşmak ve Yeni Yeruşalim'e girmek için tüm gerekli niteliklere sahip olmak için, tüm vazifelerinizde sadık olmalı ve Tanrı'nın sözüne göre yaşamalısınız.

1. Korintliler 15:41, sizlere göklerde her kişinin alacağı görkemin farklı olduğunu söyler. Şöyle yazar, *"Güneşin görkemi başka, ayın görkemi başka, yıldızların görkemi başkadır. Görkem bakımından yıldız yıldızdan farklıdır."*

Kurtulanların hepsi göklerde sonsuz yaşamın tadına varırlar. Ama imanlarının ölçüsüne göre bazıları cennete girerken, bazıları da Yeni Yeruşalim'e girer. Görkemler arasında ki fark öylesine büyüktür ki, kelimeler kifayetsiz kalır.

Bu sebeple, sırf kurtulmak için imana tutunmak yerine, tüm mal varlığını satarak tarlayı alan ve defineyi kazıp çıkaran çiftçi gibi olmanız, tamamen Tanrı'nın sözüne göre yaşamanız, Yeni Yeruşalim'e girebilmek için her türlü kötülüğü atabilmeniz ve orada tıpkı bir güneş gibi parlayan görkeme sahip olabilmeniz için Rab'bin adıyla dua ediyorum.

9. Bölüm

Göksel Egemenliğin Üçüncü Katı

1. Melekler Tanrı'nın Çocuklarına Hizmet Ederler
2. Ne Tip İnsanlar Göğün Üçüncü Katına Girer?

Ne mutlu denemeye dayanan kişiye!
Denemeden başarıyla çıktığı zaman
Rab'bin kendisini sevenlere
vaat ettiği yaşam tacını alacaktır.

- Yakup 1:12 -

Tanrı, ruh, iyilik, ışık ve sevginin ta kendisidir. Bu sebeple çocuklarının tüm günahlarından ve tüm kötülüklerden arınmalarını ister. İnsan bedeninde yeryüzüne gelen İsa'nın hiç bir kusuru yoktu, çünkü İsa Tanrı'nın ta Kendisiydi. Öyleyse Rab'le karşılaşan bir gelin olabilmek için nasıl bir insan olmalısınız?

Sonsuza dek Tanrı ile gerçek sevgiyi paylaşacak Tanrı'nın bir çocuğu ve Rab'bin gelini olabilmek için, Tanrı'nın kutsal yüreğini yansıtmalı ve her türlü kötülüğü söküp atarak kendinizi kutsallaştırmalısınız.

Kutsal olan ve Tanrı'nın yüreğini yansıtanların girdiği göğün üçüncü katı, göğün ikinci katından çok daha farklıdır. Tanrı, kötülükten öylesine nefret eder ve iyiliği o kadar çok sever ki, kutsallaşan çocuklarına çok özel muamele eder. Öyleyse göğün üçüncü katı nasıl bir yerdir ve oraya gitmek için Tanrı'yı ne kadar sevmelisiniz?

1. Melekler Tanrı'nın Çocuklarına Hizmet Ederler

Evler, göğün ikinci katında ki tek-katlı evlerle mukayese edilemeyecek kadar olağanüstü ve parlaktır. Çeşitli mücevherle süslenmiş, sahiplerinin sahip olmaktan hoşlanacağı tesislerle donatılmışlardır.

Dahası göğün üçüncü katından itibaren herkese hizmet eden melekler atanır. Bu melekler efendilerini çok sevip, onların en iyi şekilde hizmet ederler.

Özel Olarak Hizmet Eden Melekler

İbraniler 1:14 şöyle der, *"Bütün melekler kurtuluşu miras alacaklara hizmet etmek için gönderilen görevli ruhlar değil midir?"* Melekler saf ruhani varlıklardır. Tanrı'nın yarattığı varlıklardan biri olarak, şekil itibarıyla insanlara andırırlar. Ancak kemikten ve etten değillerdir ve ne evlenir ne de ölürler. İnsanlar gibi kişilikleri yoktur, ama güç ve kudrette insanlardan çok daha üstün yaratıklardır (2. Petrus 2:11).

İbraniler 12:22'de belirtildiği gibi göklerde onbinlerce ve sayısız melek vardır. Tanrı, meleklerin arasında bir düzen ve derece oluşturmuş, onlara farklı vazifeler vermiş ve bu vazifeler ışığında da yetkilendirmiştir.

Göksel varlıklar ve başmelekler olarak aralarında farklılıklar vardır. Örneğin insanlarla ilgili meselelere bakan Cebrail, size dualarınızın yanıtlarını getirmek için ya da Tanrı'nın plan ve vahiylerini bildirmek için gelir (Daniel 9:21-23; Luka 1:19, 1:26-27). Askeri işlerle ilgili meselelere bakan başmelek Mikail, göksel orduların komutanıdır. Kötü ruhlara karşı yürütülen savaşları idare eder ve bazen karanlığın ordularına karşı savaşta kendisi de eşlik eder (Daniel 10:13-14, 10:21; Yahuda 1:9; Vahiy 12:7-8).

Bu melekler arasında efendilerine özel olarak hizmet eden meleklerde vardır. Cennet, göğün birinci ve ikinci katlarında Tanrı'nın çocuklarına bazen yardım eden meleklerde vardır, ama özel olarak hizmet veren melekler yoktur. Bunlar, çimenlerin, çiçekten caddelerin ve halka açık tesislerin bakımlarını yapan meleklerdir. Ayrıca Tanrı'nın mesajlarını iletme görevini üslenmiş meleklerde vardır.

Ancak göğün üçüncü katı ve Yeni Yeruşalim'e girenler, özel meleklerle ödüllendirilirler, çünkü onlar Tanrı'yı çok fazla sevmiş ve çok fazla hoşnut etmişlerdir. Ayrıca kişinin Tanrı'yı yansıtmasının ve itaatle O'nu hoşnut etmesinin büyüklüğüne göre ödüllendirildikleri melek sayısı da farklılık gösterir.

Eğer bir kişinin Yeni Yeruşalim'de büyük bir evi varsa, o kişiye sayısız melek verilir, çünkü bu, evin sahibinin Tanrı'nın yüreğini yansıttığı ve pek çok kişiyi kurtuluşa taşıdığı anlamına gelir. Evin, tesislerin bakımıyla ilgilenen melekler olduğu gibi, şahsi olarak ev sahibiyle ilgilenen meleklerde olacaktır. Yani, fazlasıyla melek hizmet veriyor olacaktır.

Göğün üçüncü katına giderseniz sadece size özel olarak hizmet eden meleklere sahip olmayacak, ama ayrıca evinizi idare eden, konuklara yol gösterip, onlara yardım eden meleklere de sahip olacaksınız. Göğün üçüncü katına girerseniz Tanrı'ya şükranla dolu olacaksınız çünkü size sonsuz ödüller olarak verdiği melekler size hizmet verirken, sizde sonsuza dek onlara egemen olacaksınız.

Olağanüstü Çok Katlı Özel Ev

Göğün üçüncü katında ki evler, güzel çiçeklerle ve ağaçlarla süslenmiş, mis kokulu bahçeler ve göllerle çevrilmişlerdir. Göller, insanların sohbet edebileceği ve sevgilerini paylaşabileceği balıklarla doludur. Ayrıca melekler güzel ezgiler çalarken, insanlarda Baba olan Tanrı'ya ilahiler söylerler.

Sadece sevdikleri tek bir şeye sahip olma hakkına sahip göğün ikinci katında kalanların aksine, göğün üçüncü katında olanlar yüzme havuzu, göl, golf sahası, ziyafet salonu ve yürüme yolu gibi istedikleri tüm şeylere bir arada sahip olurlar. Bu sebeple, sahip olmadıkları bir şeyin hazını almak için komşularına gitmeye ihtiyaç duymazlar ve tüm bunlardan istedikleri anda yararlanabilirler.

Göğün üçüncü katında ki evler çok katlı müstakil evlerdir ve oldukça büyük ve olağanüstüdürler. Öylesine güzel bezenmişlerdir ki, yeryüzünde ki hiç bir milyarder bir taklidini inşa edemez.

Göğün üçüncü katında ki evlerde kapı tabelası yoktur. İnsanlar o evde kimin oturduğunu kapı tabelası olmadan bilirler çünkü ev sahibinin evden dışarı yayılan kendine has güzel kokusu bunu açıklar.

Göğün üçüncü katında ki evlerin farklı koku ve parlaklıkları vardır. Ev sahibi Tanrı'nın yüreğini ne kadar çok yansıtıyorsa, o evden gelen koku ve parlaklık o kadar güzeldir.

Ayrıca göğün üçüncü katında beslenmek üzere, göğün birinci ve ikinci katında ki hayvanlardan çok daha güzel ve sevimli hayvanlar ve kuşlar verilir. Herkes tarafından kullanılmak üzere buluttan arabalar verilir ve insanlar başı sonu belli olmayan göklerin çevresinde diledikleri kadar seyahat edebilirler.

Daha öncede açıklandığı gibi, göğün üçüncü katında ki insanlar istedikleri her şeye sahip olabilirler. Göğün üçüncü katında ki yaşam hayallerin ötesindedir.

Yaşam Tacı

Vahiy 2:10'da, Tanrı'nın egemenliğine yaşamları pahasına sadık olanlara "yaşam tacının" vaadi verilir.

"Çekmek üzere olduğun sıkıntılardan korkma! Bak, denenesiniz diye İblis içinizden bazılarını yakında zindana atacak. On gün sıkıntı çekeceksiniz. Ölüm pahasına da olsa sadık kal, sana yaşam tacını vereceğim."

Burada "ölüm pahasına sadık olma" sadece şehitlik mertebesine getiren sadakati değil, ama ayrıca dünyaya ödün vermemek ve kanınızı dökme pahasına tüm günahlarınızdan arınarak tamamen kutsallaşmak anlamına da gelir. Tanrı, göğün üçüncü katına girenlerin hepsini yaşam tacıyla ödüllendirir, çünkü kanlarını dökme pahasına sadık kalmışlar ve tüm zorluk ve sınamaların üstesinden gelmişlerdir (Yakup 1:12).

Göğün üçüncü katındakiler Yeni Yeruşalim'i ziyaret ettiklerinde, yaşam tacının sağ kenarına daire işareti koyarlar. Cennet, göğün birinci ve ikinci katındakiler Yeni Yeruşalim'i ziyaret ettiklerinde ise, göğüslerinin sol tarafına bir işaret koyarlar. Göğün üçüncü katında yaşayanların görkemlerinin farklı olduğunu bu şekilde görebilirsiniz.

Ancak Yeni Yeruşalim'de yaşayanlar, Tanrı'nın özel ilgisi altındadırlar. Dolayısıyla, kendilerini diğerlerinden ayrıştıracak bir işaret kullanmaya gereksinimleri yoktur. Tanrı'nın çocukları olarak çok istisnai muamele görürler.

Yeni Yeruşalim'de ki Evler

Göğün üçüncü katında ki evler, büyüklük, güzellik ve görkem bakımından Yeni Yeruşalim'de ki evlerden çok farklıdır.

Her şeyden önce eğer Yeni Yeruşalim'de ki en küçük evin 100 metrekare olduğunu söylerseniz, göğün üçüncü katında ki en büyük ev 60 metrekaredir. Örneğin Yeni Yeruşalim'de ki en küçük evin metrekaresi 9210 ise, göğün üçüncü katında ki en büyük evin metrekaresi 5500'dür.

Ancak evlerin büyüklüğü, ev sahibinin ne kadar çok canı kurtarıp Tanrı'nın kilisesini kurabildiğine bağlı olarak değişiklik gösterir. İsa'nın Matta 5:5, *"Ne mutlu yumuşak huylu olanlara! Çünkü onlar yeryüzünü miras alacaklar."* dediği gibi, evin sahibinin yumuşak huylu bir kalple göklere taşıdığı canların sayısına bağlı olarak, yaşadığı evin büyüklüğü belirlenecektir.

Dolayısıyla göğün üçüncü katında ve Yeni Yeruşalim'de binlerce metrekareden daha fazla büyüklükte olan pek çok ev vardır, ama göğün üçüncü katında ki en büyük ev, yeni Yeruşalim'de en küçük evden daha küçüktür. Bunlara ek olarak, büyüklükleri, şekilleri, güzellikleri ve süs için kullanılan mücevherleri de farklılık gösterir.

Yeni Yeruşalim'de sadece oniki sütun için kullanılan mücevherler yoktur, ama başka güzel mücevherlerde vardır. Güzel renkleriyle tasavvur bile edilemeyecek kadar büyüktürler. Adlandıramayacağınız pek çok mücevher vardır ve bazıları iki kat ve hatta üç kat daha fazla ışığı yansıtır.

Elbette ki göğün üçüncü katında da mücevherler vardır. Ancak çeşitliklerine rağmen Yeni Yeruşalim'dekilerle kıyas bile edilemezler. Göğün üçüncü katında ışığı iki ve üç kat daha yansıtabilen mücevher yoktur. Göğün birinci ve ikinci katında ki mücevherlerle kıyaslandıklarından elbette ki çok daha fazla güzel ışık yansıtırlar, ama Yeni Yeruşalim'dekilere nazaran basit kalırlar ve hatta aynı çeşit mücevher bile Yeni Yeruşalim'de olandan daha az güzeldir.

Bu sebeple göğün üçüncü katında olanlar, Tanrı'nın görkemiyle dolu Yeni Yeruşalim'e dışarıdan bakarak iç çeker ve sonsuza kadar orada olabilme özlemi duyarlar.

"Keşke biraz daha çabalasaydım ve
Tanrı'nın evinin her yerinde sadık olabilseydim..."
"Keşke bir kere dahi olsa Tanrı beni adımla çağırsaydı..."
"Keşke bir kere daha davet edilseydim..."

Göğün üçüncü katında tasavvur dahi edilemeyen mutluluk ve güzellik vardır. Ancak Yeni Yeruşalim'le mukayese bile edilemez.

2. Ne Tip İnsanlar Göğün Üçüncü Katına Girer?

Yüreğinizi açıp İsa Mesih'i kişisel Kurtarıcınız olarak kabul ettiğinizde, Kutsal Ruh gelerek size günahı, doğruluğu, yargıyı öğretir ve gerçeğin farkına varmanızı sağlar. Tanrı'nın sözüne itaat ettiğiniz, her türlü kötülüğü söküp attığınız ve kutsallaştığınız zaman, imanın dördüncü seviyesine girersiniz ve canlarınız gönenç içinde olur.

İmanın dördüncü seviyesine girenler Tanrı'yı çok sever, Tanrı tarafından sevilirler ve göğün üçüncü katına girerler. Göğün üçüncü katına girenler nasıl imanları olan kişilerdir?

Her Türlü Kötülüğü Söküp Atarak Kutsallaşma

Eski Ahit zamanlarında insanlar Kutsal Ruh'u almadılar. Bu yüzden kendi güçleriyle yüreklerinin derinlerine işlemiş günahı söküp atamadılar. Fiziksel sünneti uygulamalarının sebebi buydu ve kötülük eyleme dönüşmediği sürece günah işlemiş sayılmadılar. Hatta kişi bir diğerini öldürmeyi düşünmüş olsa bile, eyleme döküp öldürmediği sürece günah işlemiş sayılmazdı. Ancak düşünce eyleme dönüştüğünde günah sayılıyordu.

Ancak Yeni Ahit zamanında, Rab İsa Mesih'i kabul ettiğinizde, yüreğiniz Kutsal Ruh'u almaya başladı. Eğer yüreğiniz kutsallaşmamışsa, göğün üçüncü katına girmeniz mümkün değildir. Çünkü ancak Kutsal Ruh'un yardımıyla yüreğin sünnetini gerçekleştirebilirsiniz.

Dolayısıyla göğün üçüncü katına ancak nefret, zina, açgözlülük gibi her türlü kötülüğü söküp attığınızda ve kutsallaştığınızda girebilirsiniz. Ne tip insanın kutsallaşmış bir yüreği olur? Bu, 1. Korintliler 13'de açıklanan ruhani sevgiye, Galatyalılar 5'de açıklanan Kutsal Ruh'un dokuz meyvesine, Matta 5'de açıklanan gerçek mutluluğa sahip olan ve Rab'bin kutsallığını yansıtan kişidir.

Elbette ki bunun anlamı Rab ile aynı seviyede olduğu demek değildir. İnsanlar ne kadar çok günahı söküp atmaya çalışırlarsa çalışsınlar ve hatta kutsallaşsınlar, seviyeleri ışığın kaynağı olan Tanrı ile aynı olamaz.

Bu nedenle, yüreğinizi kutsallaştırmak için yüreğinizi verimli bir tarla kılmalısınız. Diğer bir deyişle, Kutsal Kitap'ın sizden yapmanızı istemediklerini yapmayarak ve sizden kendinizden uzaklaştırmanızı istediklerini uzaklaştırarak yüreğinizi verimli bir tarla haline getirmelisiniz. Ancak o zaman ektiklerinizin iyi meyvelerini vereceksiniz. Tıpkı bir çiftçinin temizledikten sonra ektiği toprağın hasadını alması gibi, Tanrı'nın sizden yapmanızı ve tutmanızı istediklerini yerine getirdikten sonra, yüreğinize ektikleriniz tomurcuklanıp açarak meyve verir.

Bu sebeple kutsallaşma demek, İsa Mesih'in günahtan kurtaran gücüne inanarak, su ve Kutsal Ruh ile tekrar doğarak kişinin ilk günah ve kendi işlediği günahlardan Kutsal Ruh'un yardımıyla temizlenme durumudur. İsa Mesih'in kanına inanarak günahlarınızın bağışlanması, kendinizi adayarak dua etmeniz ve oruç tutmanızla yardımını aldığınız Kutsal Ruh'un işleriyle günahın doğasını söküp atmanızdan farklıdır.

İsa Mesih'i kabul etmeniz ve Tanrı'nın bir çocuğu olmanız, yüreğinizden tüm günahların kaldırıldığı anlamına gelmez. Hala nefret, kibir ve bunun gibi şeyler yüreğinizde mevcuttur ve bu yüzden Tanrı'nın Sözünü dinleyerek kötülüğü keşfetme ve ona karşı kanınızı dökme pahasına direnme süreci büyük önem taşır (İbraniler 12:4).

Benliğin işlerini böyle uzaklaştırır ve kutsallaşmaya doğru böyle ilerlersiniz. Yüreğinizden sadece benliğin eylemlerini değil, ama ayrıca benliğin tutkularını söküp atma durumu kutsallaşma durumu olan imanın dördüncü seviyesidir.

Sadece Doğada ki Günahları Söküp Attıktan Kutsallaşma

Öyleyse doğanın günahları nedir? Adem'in itaatsizliğinden sonra yaşam tohumu yoluyla nesillere geçen tüm günahlardır. Örneğin henüz bir yaşına bile girmemiş bir bebeğin bile kötü niyetli olduğunu keşfedebilirsiniz. Annesi ona nefret ve kıskançlık gibi kötü şeylerin ne olduğunu öğretmemiş dahi olsa, annesi bir başka bebeği emzirdiğinde kızar ve kötü hareketlerde bulunur. Eğer annesi diğer bebeği bırakmazsa, diğer bebeği itmeye bile kalkar, ağlar, öfkeyle dolar. Hiç öğrenmemiş olsa bile bir bebeğin bu tarz kötülük sergilemesinin nedeni doğasında ki günahtır. Ayrıca kişinin kendi işlediği günahlar, yüreğin günahkâr tutkularını izleyerek fiziksel eylemler olarak dışa vurumudur.

Elbette ki ilk günahtan arınarak kutsallaşmışsanız, işlediğiniz günahların sökülüp atıldığı aşikârdır, çünkü günahın kökeni çıkarılmıştır. Bu sebeple ruhani doğuş, kutsallaşmanın başlangıcıdır ve mükemmel tekrar doğuştur. Eğer tekrar doğarsanız, kutsallaşmayı gerçekleştirmek için başarılı Hıristiyan yaşamları sürdürmenizi ümit ediyorum.

Eğer gerçekten kutsallaşmayı ve Tanrı'nın kaybolan suretini geri almayı istiyorsanız, elinizden gelenin en iyisini deneyin. Böylece Tanrı'nın lütuf ve gücüyle, Kutsal Ruh'unda yardımıyla doğanızda ki günahları söküp atabileceksiniz. Tanrı'nın *"Kutsal olun, çünkü ben kutsalım"* (1. Petrus 1:16) dediği gibi O'nun kutsal yüreğini yansıtmanızı umut ediyorum.

Tanrı'nın Evinin Her Yerinde Tam Bir Sadakatle Kutsallaşmama

Tanrı, çoktan vefat etmiş ve göğün üçüncü katına girebilmiş biriyle ruhani iletişim kurmamı sağlamıştı. Evinin kapısı kemerli incilerle süslenmişti, çünkü yeryüzünde olduğu zamanlar sebatla ve gözlerinde yaşlarla dualar etmişti. Tanrı'nın egemenliği, doğruluğu ve kilisesi, kilise papazı ve üyeleri için tam bir sadakatle, sebat ve gözlerinde yaşlarla dua etmişti.

Rab'le tanışmadan önce öylesine fakir ve talihsizdi ki, ufak bir altın ziyneti bile yoktu. Rab'bi kabul ettikten sonra, kutsallaşmaya doğru ilerledi, çünkü Tanrı'nın sözünü dinleyerek farkına vardığı gerçeğe itaat edebilmişti.

Ayrıca vazifelerini hakkıyla yerine getirebiliyordu, çünkü Tanrı'nın çok sevdiği bir papazdan pek çok ders aldı ve ona çok iyi hizmet edebildi. Bu sebeple, göğün üçüncü katında ki en parlak ve en göz kamaştırıcı yere girebildi.

Bunlara ek olarak, evinin kapısına Yeni Yeruşalim'den getirilen çok parlak bir mücevher takıldı. Bu mücevher, yeryüzünde hizmet ettiği papaz tarafından ona verilmişti. Papaz evinin oturma odasında ki mücevheri çıkarmış ve kadını ziyarete gittiğinde bu mücevheri onun kapısına takmıştı. Bu mücevher, yeryüzünde hizmet ettiği papaz tarafından özlendiğinin bir belirtisidir, çünkü yeryüzünde papaza çok yardımcı olsa bile Yeni Yeruşalim'e girememiştir. Göğün üçüncü katında ki pek çok kişi bu mücevhere imrenirler.

Ancak, Yeni Yeruşalim'e giremediği için hala üzüntü içindedir. Eğer Yeni Yeruşalim'e girebileceği yeterince imana sahip olsaydı, Rab'le, yeryüzünde hizmet ettiği papazla ve kilisesinin diğer sevgili üyeleriyle ileride birlikte olabilecekti. Eğer yeryüzünde biraz daha imanlı olsaydı, Yeni Yeruşalim'e girebilecekti, ama itaatsizliği yüzünden kendisine verilen fırsatı kaçırmıştı.

Buna rağmen göğün üçüncü katında olmasından dolayı şükranla doluydu ve kendisine verilen görkemden fazlasıyla duygulanmıştır. Sadece şükranla doluydu, çünkü kendi meziyetleriyle kazanamayacağı değerli şeyleri ödül olarak almıştı. Aşağıda ki dizelerde bunu dile getirir.

"Hiç bir şeyde mükemmel olmadığımdan Baba'nın görkemiyle dopdolu olan Yeni Yeruşalim'e girmemiş olsam da, bu güzel göğün üçüncü katında kendime ait bir evim var. Evim oldukça büyük ve çok güzel. Yeni Yeruşalim'de ki evlere nazaran büyük olmasalar da, yeryüzünde hayal bile edilemeyecek pek çok şahane ve harika şeyler aldım.

Hiç bir şey yapmadım ve hiç bir şey vermedim. Gerçekten yardımcı olacak ve Rab için sevinçle dolu hiç bir şey yapmadım. Ancak burada sahip olduğum görkem öylesine büyük ki sadece üzgün ve şükranla dolu hissedebilirim. Tanrı'ya göğün üçüncü katında en göz alıcı yerde yaşamama izin verdiği için şükranla doluyum."

Şehitlik İmanına Sahip İnsanlar

Nasıl Tanrı'yı çok seven ve yüreğinde kutsallaşan biri göğün üçüncü katına girebilirse, sizde Tanrı için her şeyi, hatta hayatınızı bile feda edebileceğiniz şehitlik imanına sahipseniz, göğün üçüncü katına girebilirsiniz.

Başları vurulana, Roma kolezyumlarında aslanlara yem olana veya yakılana dek imanlarına sıkı sıkı bağlı olan erken kilise üyeleri, göklerde şehitlik ödüllerini alacaklardır. Böylesi ağır zulüm ve tehditler altında şehit olmak kolay bir şey değildir.

Çevrenizde Rab'bin gününü kutsal sayıp tutmayan ya da paraya duydukları arzu yüzünden Tanrı tarafından verilen vazifelerini ihmal eden pek çok insan vardır. Böylesi ufak şeylere itaat edemeyen bu tarz kişiler, yaşamı tehdit eden durumlarda şehit olmak bir yana, imanlarını bile asla tutamazlar.

Ne tip insanlar şehitlik imanına sahiptirler? Bunlar, Eski Ahit'te ki Daniel gibi doğru ve asla değişmeyen kalplere sahip olan kişilerdir. İki tarafa eğilimli olanların, kendi çıkarlarını arayanların, dünyaya ödün verenlerin şehit olmak için çok düşük şansları vardır.

Gerçekten şehit olanların Daniel'in ki gibi değişmeyen bir kalbe sahip olmaları gerekir. Aslan çukuruna atılacağını çok iyi bilmesine rağmen imanda doğruluğa sıkı sıkıya tutunmuştu. Kötü insanların hilesiyle aslan çukuruna atıldığı zaman bile, son ana kadar imanına bağlıydı. Daniel gerçekten asla uzaklaşmadı, çünkü yüreği temiz ve saftı.

Yeni Ahit'in İstafanos'u ile durum aynı olmuştur. Rab'bin müjdesini duyururken taşlanarak öldürülmüştür. İstefanos, masumiyetine rağmen kendisini taşlayanlar için bile dua edebilen kutsallaşmış biriydi. Tanrı onu ne kadar daha fazla sevebilirdi ki? Göklerde sonsuza dek Rab ile yürüyecektir ve onun güzelliğiyle görkemi muazzam olacaktır. Bu sebeple, en önemli şeyin doğruluk ve yürekte kutsallaşma olduğunu anlamalısınız.

Bu gün imanı olan çok az kişi vardır. Hatta İsa bile şöyle sormuştur, *"Ama İnsanoğlu geldiği zaman acaba yeryüzünde iman bulacak mı?"* (Luka 18:8) Böylesi günahla dolu bir dünya da İmanınızı tutarak ve her çeşit kötülüğü içinizden söküp atarak Tanrı'nın kutsallaşmış bir çocuğu olduğunuzda O'nun gözünde ne kadar da kıymetli olurdunuz?

Bu sebeple, kendinizi adayarak dua etmeniz, hızla yüreğinizi kutsallaştırmanız ve Baba olan Tanrı'nın size göklerde vereceği görkem ve ödülleri dört gözle beklemeniz için Rab'bin adıyla dua ediyorum.

10. Bölüm

Yeni Yeruşalim

1. Yeni Yeruşalim'de İnsanlar Tanrı'yla Yüz Yüze Gelirler
2. Ne Tip İnsanlar Yeni Yeruşalim'e Girer?

> *Kutsal kentin, yeni Yeruşalim'in gökten,*
> *Tanrı'nın yanından indiğini gördüm.*
> *Güveyi için hazırlanmış süslü bir gelin gibiydi.*
>
> *- Vahiy 21:2 -*

Tanrı'nın görkemiyle dolu, göklerde ki en güzel yer olan Yeni Yeruşalim'de Tanrı'nın Tahtı, Rab'bin şatoları ve imanın en yüksek seviyesiyle Tanrı'yı hoşnut eden insanların evleri vardır.

Yeni Yeruşalim'de ki evler, onlara sahip olacakların arzuladıkları gibi, en güzel şekilde hazırlanırlar. Bir kristal gibi berrak ve güzel Yeni Yeruşalim'e girmek ve sonsuza dek Tanrı ile gerçek sevgiyi paylaşmak için sadece Tanrı'nın kutsal kalbini yansıtmakla kalmamalı, ama tıpkı Rab İsa'nın yaptığı gibi vazifenizi tamamıyla yerine getirmelisiniz.

Öyleyse Yeni Yeruşalim nasıl bir yerdir ve ne tip insanlar oraya girerler?

1. Yeni Yeruşalim'de İnsanlar Tanrı'yla Yüz Yüze Gelirler

Göksel Kutsal Kent diye de çağrılan Yeni Yeruşalim, kendini güveyi için hazırlamış güzel bir gelin gibidir. Tanrı'nın tahtı orada olduğundan oradaki insanlar Tanrı ile yüz yüze tanışma imtiyazını elde ederler.

"Görkemin şehri" diye de çağrılır, çünkü Yeni Yeruşalim'e girdiğinizde, sonsuza dek Tanrı'dan gelen görkeme sahip olacaksınız. Duvar yeşimden yapılmıştır ve kent cam saydamlığında altındandır. Kuzey, güney, doğu ve batı olmak üzere, her dört köşesinde üç kapı vardır ve her kapıyı bir melek korur. Kentin oniki sütunu, oniki farklı mücevherden yapılmıştır.

Yeni Yeruşalim'in İnciden Oniki Kapısı

Öyleyse Yeni Yeruşalim'in oniki kapısı neden inciden yapılmıştır? Bir kabuk uzun süre dayanır ve bir inci çıkarmak için bütün özsuyunu buna akıtır. Aynı şekilde, günahlarınızı söküp atmalı, onlara karşı kanınızı dökme pahasına mücadele vermeli, sabır ve özdenetimle Tanrı'nın önünde ölümünüz pahasına imanlı olmalısınız. Tanrı, inciden kapılar yapmıştır, çünkü dar yoldan gidiyor olsanız bile Tanrı tarafından verilen vazifelerinizi sevinçle yerine getirmeli ve içinde bulunduğunuz koşulların üstesinden gelmelisiniz.

Dolayısıyla Yeni Yeruşalim'e giren kişi inciden kapıyı geçerken, sevinç ve heyecan gözyaşları döker. Kendisini Yeni Yeruşalim'e taşıyan Tanrı'ya sözcüklerle anlatılamayacak kadar güçlü şükranlarını sunar ve O'nu yüceltir.

Ayrıca Tanrı'nın oniki kent surlarının temellerini farklı oniki değerli taştan yapmasının sebebi nedir? Oniki taşın birleşiminin önemi, Rab'bin ve Baba'nın yürekleri olmasıdır.

Bu sebeple, her bir taşın ruhani anlamını bilmeli ve Yeni Yeruşalim'e girebilmek için yüreğinizde anlamlarını başarıyla sonuçlandırmalısınız. *Göksel Egemenlik II: Tanrı'nın Görkemiyle Dolu* adlı kitabımda onların anlamlarını detaylıca açıklıyorum.

Yeni Yeruşalim'de ki Mükemmel Birlik ve Çeşitlilik İçinde ki Evler

Yeni Yeruşalim'de ki evler, büyüklük ve ihtişamda şatolar gibidirler. Her biri sahibinin tercihlerine göre kendine özgüdür

Yeni Yeruşalim

ve mükemmel birlik ve çeşitlilik içindedir. Değerli taşlardan gelen çeşitli renk ve ışıklar, sözlerle dile getiremeyeceğiniz güzelliği ve görkemi size hissettirir.

İnsanlar sadece bakarak, bir evin kime ait olduğunu hemen anlarlar. Evi süsleyen mücevherlerin ve gelen görkemin ışığına bakarak, evin sahibinin yeryüzünde yaşarken, Tanrı'yı ne kadar hoşnut ettiğini anlayabilirler.

Örneğin, yeryüzünde şehit olmuş bir kişinin evi, o kişinin yüreğinin ve şehit olana dek elde ettiği başarılarının süs ve kayıtlarını yansıtacaktır. Kayıtlar altından bir plakaya kazınmıştır ve ışıl ışıl parlar. Şunlar yazar, "Bu evin sahibi şehit olmuş ve Tanrı'nın isteğini __yılının, __ayında, ___gününde yerine getirmiştir."

Ev sahibinin başarılarının yazıldığı bu altın plakadan yayılan parlak ışık, kapıdan bile görülür ve onu gören herkes başlarını eğerler. Şehitlik öylesine büyük bir şeref ve ödüldür ki Tanrı için gurur ve sevinç kaynağıdır.

Göklerde kötülük olmadığından, diğerlerinin mevki ve dereceleri ve Tanrı'nın o kişiye gösterdiği sevginin derinliği karşısında insanlar otomatik olarak başlarını eğerler. Nasıl insanlar büyük başarıları kutlamak için teşekkür veya övgüye değer hizmet plaketleri veriyorlarsa, Tanrı'da Kendisini yüceltenlerin her birine bir plaket verir. Plaketlerin çeşitliklerine göre kokuları ve ışıklarında ki farklılıkları görebilirsiniz.

Tanrı ayrıca evlerinde, onlara yeryüzünde ki hayatlarını hatırlatan bir şey daha verir. Elbette ki tıpkı bir televizyon ekranından seyredermiş gibi yeryüzünde ki geçmiş hayatlarınızı göklerde seyredebilirsiniz.

Altın veya Doğruluk Tacı

Eğer Yeni Yeruşalim'e girerseniz, kendinize ait bir ev ve yapmış olduğunuz işlere göre altından taç veya doğruluk tacıyla ödüllendirilirsiniz. Bu, göklerde ki en şaşalı ve en güzel taçtır. Tanrı'nın ta Kendisi Yeni Yeruşalim'e girenleri altından taç ile ödüllendirir ve O'nun tahtının çevresinde altın taçlar giyen yirmi-dört ihtiyar vardır.

> *"Tahtın çevresinde yirmi dört ayrı taht vardı. Bu tahtlara başlarında altın taçlar olan, beyaz giysilere bürünmüş yirmi dört ihtiyar oturmuştu"* (Vahiy 4:4).

Burada "ihtiyar," yeryüzü kiliselerinde verilen unvan değildir. Onlar Tanrı nazarında doğru olan ve O'nun tarafından kabul edilmiş insanlardır. Onlar tamamen kutsallaşmış, kalplerinde hem görünen hem de görünmeyen tapınakları inşa etmeyi başarmışlardır. "Kalpte ki tapınağı gerçekleştirmek" demek, tüm günahları söküp atarak ruhun insanı olmak demektir. Görünen tapınağı gerçekleştirmek ise, yeryüzünde ki vazifeleri tamamıyla yerine getirmek demektir.

"Yirmi dört" sayısı sadece İsrail'in on iki kabilesinin imanı gibi kurtuluş kapısından geçenleri değil ama ayrıca İsa'nın tamamen kutsallaşan on iki havarisini de temsil eder. Dolayısıyla "yirmi dört ihtiyar," Tanrı tarafından doğrulukları kabul görmüş ve Tanrı'nın evinin her yerinde sadık olmuş Tanrı çocuklarıdır.

Bu yüzden asla değişmeyen altın gibi imanları olanlar, altından taçlara ve Aziz Pavlus gibi Rab'bi görmeye can atanlarda doğruluk tacını almaya layık olacaklardır.

"Yüce mücadeleyi sürdürdüm, yarışı bitirdim, imanı korudum. Bundan böyle doğruluk tacı benim için hazır duruyor. Adil yargıç olan Rab o gün bu tacı bana, yalnız bana değil, O'nun gelişini özlemle beklemiş olanların hepsine verecektir" (2 Timoteos 4:7-8).

Rab'bin görünmesini bekleyenler aşikâr bir şekilde ışık ve gerçeğin içinde yaşarlar ve Rab'bin çok iyi hazırlanmış gelinleridir. Hepsi buna göre taçlarını alacaklardır.

Aziz Pavlus, zulüm ve zorluklar karşısında yıkılmamış, ama sadece Tanrı'nın egemenliğini genişletmek ve yaptığı her şeyde O'nun doğruluğunu başarmaya çabalamıştı. Emek ve sebatla gittiği her yerde Tanrı'yı fazlaca yüceltmişti. Bu sebeple Tanrı, Aziz Pavlus için doğruluk tacını hazırlamış ve tıpkı onun gibi Rab'bin görünmesini bekleyen herkese bu tacı verecektir.

Yüreklerde ki Her Arzu Dindirilecektir

Yeryüzündeyken aklınızda her ne varsa, yapmayı isteyip te Rab için bıraktığınız her ne olmuşsa, Yeni Yeruşalim'de Tanrı bunları size güzel ödüller olarak geri verir.

Bu sebeple, Yeni Yeruşalim'de ki evlerde sahip olmayı istediğiniz her şey mevcuttur ve yapmayı isteyip yapamadığınız şeyleri yapabilirsiniz. Evin sahipleri tekneyle açılsın diye bazı evlerin gölleri vardır. Bazılarında yürüyüş yapabilsinler diye orman vardır. İnsanlar sevdikleriyle güzel bir bahçede çay masası etrafında toplanıp hoş sohbetler yapabilirler. Yürüyüşler yapabilsinler, çeşitli kuş ve güzel hayvanlarla ilahiler söylesinler diye çimenler ve çiçeklerle kaplı çayırlar vardır.

Bu şekilde, Tanrı tek bir objeyi bile atlamadan, gökleri sizin yeryüzünde sahip olmayı arzuladığınız şeylerle doldurmuştur. Tanrı'nın sizin için büyük bir ilgiyle yarattığı tüm bu şeyleri gördüğünüzde nasıl da derinden duygulanırsınız?

Aslına bakarsanız Yeni Yeruşalim'e girebilmek başlı başına bir mutluluk kaynağıdır. Asla değişmeyecek olan mutluluk, görkem ve güzellik içinde yaşayacaksınız. Yere, göğe ve her ne yere bakarsanız bakın, sevinç ve heyecanla dopdolu olacaksınız.

Yeni Yeruşalim'de olduklarından dolayı insanlar huzurlu, rahat ve güvenli hissederler, çünkü Tanrı orayı gerçekten sevdiği çocukları için yapmıştır ve Yeni Yeruşalim'in her bir köşesi O'nun sevgisiyle doludur.

Her ne yaparsanız yapın, ister yürüyün, dinlenin, oynayın, yemek yiyin ya da diğer insanlarla konuşun, her zaman mutluluk ve sevinçle dopdolu olacaksınız. Ağaçlar, çiçekler, çimenler ve hatta hayvanlar bile sevimlidir ve harikulade şatoların duvarlarından, evlerin süs ve tesislerinden yayılan görkemi hissedebilirsiniz.

Yeni Yeruşalim'de Baba olan Tanrı'nın sevgisi bir çeşme gibidir ve sonsuz mutluluk, şükran ve sevinçle dolarsınız.

Tanrı ile Yüz Yüze Gelme

Görkemin, güzelliğin ve mutluluğun en yüksek seviyesi olan Yeni Yeruşalim'de Tanrı ile yüz yüze gelebilir, Rab ile birlikte yürüyebilir ve sonsuza dek sevdiklerinizle yaşayabilirsiniz.

Sadece melekler ve göksel varlıklar tarafından beğenilmezsiniz, ama ayrıca göklerde ki diğer insanlar da size hayranlık duyarlar.

Bunun yanı sıra kişisel melekleriniz her türlü istek ve ihtiyaçlarınızı karşılayarak, size sanki bir krala hizmet ediyormuş gibi hizmet ederler. Göklerde uçmak istediğinizde, kişisel buluttan arabanız hemen ayaklarınızın dibinde bitiverir. Buluttan arabanıza biner binmez istediğiniz kadar göklerde uçabilir ya da yerde de onu sürebilirsiniz.

Eğer Yeni Yeruşalim'e girerseniz, Tanrı ile yüz yüze gelir, sonsuza dek sevdiklerinizle yaşar ve tüm arzularınız anında yerine getirilir. İstediğiniz her şeye sahip olursunuz ve tıpkı masallarda ki prensler ve prensesler gibi muamele görürsünüz.

Yeni Yeruşalim Şölenlerine Katılma

Yeni Yeruşalim'de her daim şölenler vardır. Bazen Baba, bazen Rab ve bazen de Kutsal Ruh bu şölenlere ev sahipliği yapar. Bu şölenler aracılığıyla göksel yaşantının sevincini dolu dolu hissedersiniz. Bolluğu, özgürlüğü, güzelliği ve sevinci bu şölenlerde duyumsarsınız.

Baba'nın ev sahipliğini yaptığı şölenlere katıldığınızda en güzel elbisenizi giyer, en güzel takılarınızı takar ve en iyi yemeklerden tadar, en iyi içecekleri içersiniz. Güzel ezgilerin, ilahilerin ve dansların tadına varırsınız. Meleklerin dansını seyredebilir ve bazen Tanrı'yı hoşnut etmek için sizde dans edersiniz.

Melekler teknik açıdan çok daha güzel ve mükemmeldirler, ama Tanrı, Kalbini bilen ve Kendisini yürekten seven çocuklarının güzel kokusundan çok daha hoşnuttur.

Yeryüzünde Tanrı'ya ibadet işlerinde hizmet edenler her şeyi daha keyifli kılmak için bu şölenlere de hizmet ederler ve Tanrı'yı ilahiler söyleyerek, dans ederek ve oynayarak yüceltenler, göksel şölenlerde de aynısını yaparlar.

Çeşitli modellerden hafif ve dalgalı giysiler giyer, şaşalı taçlarını takar ve parlak ışıklar yayan mücevherlerle kendilerini süslerler. Ayrıca ya buluttan arabalarla ya da meleklerin eşlik ettiği altından vagonlarla bu şölenlere gelirler. Tüm bunları sadece hayal ederek bile kalbiniz sevinç ve beklentilerle çarpmıyor mu?

Camdan Deniz Üzerinde Festival

Göklerin güzel denizlerinde kirden ve kusurdan noksan, kristal gibi berrak ve temiz sular dalgalanır. Mavi sular, esintiyle hafif dalgalar oluşturur ve ışıl ışıl parlarlar. Öylesine saydam olan bu sularda pek çok balık yüzer ve insanlar onlara yaklaştıklarında yüzgeçlerini sallayarak selam verir ve sevgilerini gösterirler.

Çeşitli renkte mercanlar, gruplar oluşturarak salınırlar. Her salındıklarında bu güzelim renklerin ışıklarını yayarlar. Nasıl da harikulade bir manzara! Denizlerde pek çok ada vardır ve görüntüleri harikadır. Bunların yanı sıra "Titanik" gibi büyük yolcu gemileri de sularda gezinir ve bu gemilerde de şölenler yapılır.

Bu gemiler, insanların arzu ettikleri her şeyi yapabilmelerini sağlayan bowling, yüzme havuzu, rahat kamaralar ve parti salonları gibi tesislerle donatılmışlardır.

Yeryüzünde ki herhangi bir lüks yolcu gemisinden çok daha büyük olan ve harikulade donatılan bu gemilerde Rab ve sevdiklerinizle birlikte olduğunuzu hayal etmek bile öylesine büyük bir sevinçtir.

2. Ne Tip İnsanlar Yeni Yeruşalim'e Girer?

Altın gibi imanları olanlar, Rab'bi görmeye can atanlar ve kendilerini Rab için bir gelin gibi hazırlayanlar Yeni Yeruşalim'e girerler. Öyleyse bir kristal gibi berrak ve güzel, Tanrı'nın görkemiyle dolu olan Yeni Yeruşalim'e girebilmek için nasıl bir insan olmalısınız?

Tanrı'yı Hoşnut Eden İmana Sahip İnsanlar

Yeni Yeruşalim, sadece yüreklerini tam anlamıyla kutsallaştıran değil, ama ayrıca Tanrı'nın evinin her yerinde imanlı ve sadık olanların, imanın beşinci seviyesinde olanların girdiği bir yerdir.

Tanrı'yı hoşnut eden iman, Tanrı'ya tam anlamıyla doygun hissettiren imandır. Böyle imana sahip olan çocuklarının rica ve arzularını onlar daha sormadan Tanrı gerçekleştirir.

Öyleyse Tanrı'yı nasıl hoşnut edersiniz? Şimdi size bir örnek vereceğim. Bir gün işten gelen bir baba susadığını söyler. Büyük oğlan babasının meşrubatı tercih ettiğini bildiğinden ona bir bardak kola ya da sprite getirir. Buna ek olarak babası istememiş olsa da, rahatlaması için masaj yapar.

Öte yandan küçük oğlan bir bardak su getirip odasına geri döner. Bu iki evlat arasında babasının kalbini çok daha iyi bilerek hangisi daha hoşnut etmiş ve rahatlatmıştır?

Basit bir şekilde bir bardak suyu getiren oğlu yerine, babanın hoşlandığı meşrubat olan kolayı getiren ve hiç sormadan babasına masaj yapan oğlundan çok daha hoşnut kalmış olmalıdır.

Aynı şekilde, göğün üçüncü katına girenlerle Yeni Yeruşalim'e girenler arasında ki fark, Baba olan Tanrı'nın yüreğini hoşnut etme ve O'nun isteklerine sadık olma derecesine bağlıdır.

Rab'bin Yüreğiyle Tüm Ruhun İnsanları

Tanrı'yı hoşnut eden imana sahip olanlar, yüreklerini sadece gerçekle doldururlar ve Tanrı'nın evinin her yerinde sadıktırlar. Tanrı'nın evinin her yerinde sadık olmak demek, kendi hayatını hiç düşünmeden ölümü pahasına Tanrı'nın isteğine itaat eden Mesih'in imanıyla vazifelerini kendisinden beklenilenin çok üzerinde yerine getirmek demektir.

Dolayısıyla Tanrı'nın evinin her yerinde sadık olanlar kendi kafalarına ve düşüncelerine göre işler yapmaz, ama sadece Rab'bin yüreğiyle, yani ruhani yürekle işler yaparlar. Pavlus Filipililer 2:6-8'de İsa Mesih'in yüreğini anlatır.

> *"Mesih, Tanrı özüne sahip olduğu halde, Tanrı'ya eşitliği sımsıkı sarılacak bir hak saymadı. Ama kul özünü alıp insan benzeyişinde doğarak ululuğunu bir yana bıraktı. İnsan biçimine bürünmüş olarak ölüme, çarmıh üzerinde ölüme bile boyun eğip kendini alçalttı."*

Buna karşılık Tanrı O'nu yukarı aldı, tüm adların üzerinde olan adı verdi, Kendi Tahtının sağında görkemle oturmasına izin verdi ve O'na "Kralların kralı" ve "Rablerin Rab'bi" olma yetkisini verdi.

İsa nasıl yaptıysa, sizde Yeni Yeruşalim'e girmenizi sağlayacak imana sahip olmak için koşulsuz Tanrı'ya itaat edebilmelisiniz.

Dolayısıyla Yeni Yeruşalim'e girebilen birinin Tanrı'nın yüreğinin derinliklerini anlayabilmesi gerekir. Böyle bir insan Tanrı'yı hoşnut eder, çünkü Tanrı'nın istekleri peşi sıra giderken ölümü pahasına sadıktır.

Tanrı, altın gibi imanları olsun diye çocuklarını arındırır. Böylece Yeni Yeruşalim'e girebilmelerini sağlar. Nasıl bir madenci altın bulabilmek için uzun süre zahmet veriyorsa, Tanrı'da güzel canlara dönüşen çocuklarının üzerinden gözlerini çekmez ve Sözü ile onları günahlarından arındırır. Her ne zaman altın gibi imana sahip bir çocuğunu keşfetse, insanın yetişmesi amacıyla katlandığı tüm acı, ıstırap ve üzüntüden sıyrılıp neşelenir.

Yeni Yeruşalim'e girenler, yüreklerinin Rab'bin yüreğine dönüşmesini uzun zaman bekleyerek kazandığı, tüm ruhu gerçekleştirebilen gerçek çocuklarıdır. Tanrı için çok kıymetlidirler ve Tanrı onları çok sever. Bu yüzden Tanrı 1. Selanikliler 5:23'de şöyle der, *"Esenlik kaynağı olan Tanrı'nın kendisi sizi tümüyle kutsal kılsın. Ruhunuz, canınız ve bedeniniz Rabbimiz İsa Mesih'in gelişinde eksiksiz ve kusursuz olmak üzere korunsun."*

Sevinçle Şehitlik Vazifesini Yerine Getiren İnsanlar

Şehitlik, kişinin kendi hayatından vazgeçmesi demektir. Dolayısıyla sağlam bir kararlılık ve büyük bir adama gerektirir. Tıpkı İsa gibi Tanrı'nın isteğini yerine getirmek için hayatından vazgeçen birinin alacağı görkem ve rahatlık, hayalinizin çok ötesindedir.

Elbette ki gerek göğün üçüncü katı, gerekse Yeni Yeruşalim'e girenlerin şehit olacak imanları vardır, ama her kim gerçekten şehit olursa çok daha büyük bir görkemin sahibi olur. Eğer şehit olabilecek koşullar altında değilseniz bile böyle bir yüreğe sahip olmalı, kutsallaşmalı ve şehitlik ödülünü alabilmek için tüm vazifelerinizi tamamıyla yerine getirmelisiniz.

Tanrı bir defasında papazlarımdan birinin şehitlik vazifesini yerine getirdiği takdirde Yeni Yeruşalim'de sahip olacağı görkemi ifşa etmişti.

Vazifesini yerine getirip göklere eriştiği zaman, Tanrı'nın sevgisine şükranla dolu, yeni evine bakarak sonsuz gözyaşları dökecekti. Evinin kapısında çeşitli çiçeklerden, ağaçlardan ve diğer süslerden oluşan büyük bir bahçesi vardı. Bahçeden ana binaya giden yol altındandı ve çiçekler sahiplerinin başarılarını övüyor ve güzelim kokularla onu teselli ediyorlardı.

Dahası bahçesinde ışık yayan altından tüyleri olan kuşlar ve güzel ağaçlar vardı. Sayısız melek, hayvan ve kuşlar, şehitlik mertebesine övgüler yağdırıyor ve ona selam veriyorlardı. Çiçeklerle bezenmiş yollarda yürürken, Rab'be olan sevgisi güzel bir koku olarak etrafa yayılıyordu. Tüm yüreğiyle şükranlarını dile getiriyordu.

> "Rab, beni gerçekten sevdi ve bana çok değerli bir vazife verdi. Bu sebeple Baba'nın sevgisinin kucağında kalabiliyorum."

Evin içinde ki duvarları pek çok mücevher süslüyordu ve kan kadar kırmızı akik taşıyla safirin ışıkları olağanüstüydü. Akik taşı, tıpkı Aziz Pavlus'un yaptığı gibi, şevkle hayatından vazgeçmiş olduğunu ve tutkulu sevgisini gösteriyordu. Safir ise değişmeyen, doğru kalbini ve ölümü pahasına gerçeğe tutunarak güvenirliği sağladığını sembolize ediyordu. Şehitliğin anısı içindi.

Duvarın dışında Tanrı'nın kendisi tarafından yazılmış bir yazı vardı. Evin sahibinin sınamalardan geçtiği zamanı, ne zaman ve nasıl şehit olduğunu ve nasıl koşullar altında Tanrı'nın isteğini gerçekleştirdiğini yazıyordu. İmanlı insanlar şehit oldukları zaman, Tanrı'ya ilahiler söylerler ve O'nu yüceltecek sözler sarf ederler. Bunlarda duvarlara yazılıydı. Yazı öylesine parlaktır ki tam anlamıyla hayran kalır, okuyarak ve ondan yayılan ışıklara bakarak mutlulukla dolarsınız. Işığın ta Kendisi olan Tanrı tarafından yazılmış olması nasıl da etkileyici! Böylece, her kim onun evini ziyaret ederse Tanrı tarafından yazılmış bu yazıların önünde eğilecektir.

Salonun iç duvarlarında duvar resimlerine andıran pek çok büyük ekranlar vardı. Çizimler, Rab'bi ne kadar çok sevdiği, ne tip bir yürekle ne vakit ne yaptığını ve Rab ile ilk karşılaştığı zaman nasıl davrandığını resmediyordu.

Ayrıca olağanüstü malzemelerden yapılmış çeşitli spor ekipmanları bahçesinin bir köşesindeydi. Yeryüzünde hayal bile edilemeyecek süsler vardı. Tanrı onu teselli etmek için bunları yapmıştı çünkü papazlık vazifesi yüzünden çok sevdiği sporu bıraktığını biliyordu. Dambiller yeryüzünde ki gibi metal ya da çelikten değil, ama Tanrı tarafından yapılmış farklı bir malzemedendi. Çok güzel parlayan değerli taşlar gibiydiler. Şaşılacak şekilde onları kullanan kişiye göre ağırlıkları değişiyordu. Bu ekipmanlar kişiyi formda tutmak için değil, ama bir teselli kaynağı olarak tutacağı yadigârlardı.

Tanrı'nın kendisi için hazırladığı tüm bu şeylere bakarken nasıl hissedecekti? Rab için tüm arzularından vazgeçmek zorunda kalmıştı, ama şimdi yüreği teselli bulur ve Baba olan

Tanrı'nın sevgisi için şükranla doludur. Gözyaşları içinde Tanrı'ya şükranlarını sunmaktan ve ilahiler okumaktan kendini alamaz, çünkü Tanrı'nın hassas ve alakadar yüreği tek bir arzusunu atlamadan istediği her şeyi onun için hazırlamıştır.

Rab ve Tanrı ile Tam Anlamıyla Birleşen İnsanlar

Tanrı, Yeni Yeruşalim'de bana bir şehir kadar büyük olan bir ev gösterdi. Öylesine büyüleyiciydi ki gözlerimi bu evin büyüklüğü, güzelliği ve ihtişamından alamamıştım.

Bu büyük evin oniki kapısı vardır ve kuzey, güney, doğu ve batı olmak üzere her köşesinde üç kapı mevcuttu. Tam ortasında saf altın ve her türlü değerli taşla bezenmiş üç katlı bir şato bulunuyordu.

İlk katta çok oda ve öylesine büyük bir koridor vardı ki sonunu göremiyordunuz. Bu odalar, şölenler ya da toplantılar içindi. İkinci katta taçları, giyimleri ve yadigârları sergileyen ve muhafaza eden odalar vardı. Ayrıca peygamberlerin kabul edildiği yerler de vardı. Üçüncü kat sadece Rab ile buluşmak ve O'nunla sevginizi paylaşmak için kullanıyordu.

Şatonun çevresi güzel kokular yayan çiçeklerle kaplanmıştı. Yaşam Suyu Irmağı şatonun çevresinden sessizce akıyordu ve ırmağın üzerinde gökkuşağı renklerinden yapılmış yay şeklinde köprüler vardı.

Bahçede güzelliğe güzellik katan çeşitli çiçekler, ağaçlar ve çimenler vardır. Irmağın diğer yanında hayal bile edemeyeceğiniz büyüklükte bir orman vardır.

Kristal tren, altından yapılmış Viking treni gibi pek çok

heyecan trenlerinin olduğu bir eğlence parkı ve mücevherlerle süslenmiş diğer tesisler bulunuyordu. Çalıştıkları zaman hoş ışıklar yayıyorlardı. Eğlence parkının gerisinde çiçeklerden geniş bir yol vardı ve bu yolun üzerinde hayvanların oynadığı, yeryüzünün tropikal alanlarında olduğu gibi huzurla dinlenilen yerler vardı.

Bunların yanı sıra güzelce parlasınlar ve tüm alana mistik ışıklar yaysınlar diye çeşitli taşlardan yapılmış evler ve binalar vardı. Bahçenin yanında ayrıca bir şelale vardır ve tepenin gerisinde "titanik" gibi yolcu gemilerinin gezindiği deniz uzanıyordu. Tüm bunlar bir kişinin evinin parçalarıydı. Dolayısıyla bu evin ne kadar büyük ve geniş olduğunu şu ana kadar biraz olsun hayal etmiş olmalısınız.

Büyük bir şehir gibi olan bu ev, göklerde ki turistik yerdir ve sadece Yeni Yeruşalim'de yaşayanları değil, ama ayrıca göklerin diğer katlarında yaşayan pek çok kişiyi de çeker. İnsanlar keyif eder ve Tanrı'nın sevgisini paylaşırlar. Ayrıca sayısız melek sahiplerine hizmet eder, bina ve tesislerin bakımını yapar, buluttan arabalara eşlik eder, müzik aletleri çalarak ve Tanrı'ya ilahiler söyleyerek dans ederler. Her şey en yüksek derecede mutluluk ve rahatlık sağlamak için hazırlanmıştır.

Tanrı, bu evi hazırladı, çünkü bu evin sahibi her türlü sınama ve testin üstesinden imanla, umutla ve sevgiyle geldi ve gerek yaşam sözüyle, gerekse tek sevdiği Tanrı'nın gücüyle pek çoklarını kurtuluş yoluna taşıdı.

Sevgi Tanrı'sı tüm çabalarınızı ve gözyaşlarınızı hatırlar ve size yaptıklarınızın karşılığını öder. Herkesin Kendisiyle ve yaşam veren sevgi olan Rab'le birleşmesini ve sayısız insanı kurtuluşa taşıyan ruhani emekçiler olmasını ister. Tanrı'yı hoşnut eden imanları olanlar, Tanrı ve Rab ile onların yaşam veren sevgileri aracılığıyla birleşirler çünkü onlar sadece Rab'bin kalbini yansıtmak ve tümüyle ruhu gerçekleştirmekle kalmamış, ama ayrıca şehitler olmak için yaşamlarından vazgeçmişlerdir. Bu insanlar, Tanrı'yı ve Rab'bi gerçekten severler. Hatta gökler olmasaydı bile bu kişiler yeryüzünde keyfine varıp sahip olacakları şeylerin kaybından dolayı üzüntü duymazlardı. Tanrı'nın Sözüne göre davranışlar sergilemekten ve Rab için çalışmaktan yüreklerinde öylesine mutluluk ve sevinç duyuyorlardı.

Elbette ki tıpkı İbraniler 11:6'da yazdığı gibi gerçek imanları olan kişiler Rab'bin onlara göklerde vereceği ödüllerin umuduyla yaşarlar; *"İman olmadan Tanrı'yı hoşnut etmek olanaksızdır. Tanrı'ya yaklaşan, O'nun var olduğuna ve kendisini arayanları ödüllendireceğine iman etmelidir."*

Ancak onlar için göklerin veya ödüllerin olmasının ya da olmamasının bir önemi yoktur, çünkü bundan çok daha değerli bir şey vardır. Tüm samimiyetleriyle sevdikleri Baba olan Tanrı ve Rab'le tanışacakları için her şeyden çok daha fazla mutlu hissederler. Dolayısıyla, Baba olan Tanrı ve Rab ile tanışamayacak olmak, ödül alamamaktan veya göklerde yaşayamamaktan çok daha büyük bir talihsizlik ve üzüntüdür.

Mutlulukla dolu göksel bir yaşam olmasa bile, hayatlarını vererek Tanrı ve Rab için ölümsüz sevgilerini gösterenler, Baba ve güveyleri Rab ile onların yaşam veren sevgisi yoluyla birleşirler. Tanrı'nın onlar için hazırladığı görkem ve ödüller ne kadar da büyük olacak!

Rab'bin görünmesini hasretle bekleyen, Rab'bin işlerini gerçekleştirmek için canla başla çalışan ve pek çok insanı kurtuluş yoluna taşıyan Aziz Pavlus şöyle demiştir:

> *"Eminim ki, ne ölüm, ne yaşam, ne melekler, ne yönetimler, ne şimdiki ne gelecek zaman, ne güçler, ne yükseklik, ne derinlik, ne de yaratılmış başka bir şey bizi Rabbimiz Mesih İsa'da olan Tanrı sevgisinden ayırmaya yetecektir"* (Romalılar 8:38-39).

Yeni Yeruşalim, böylesi bir sevgiyle Baba olan Tanrı ile birleşen Tanrı'nın çocukları için bir yerdir. Hayal bile edilemeyen, sevginin ve sevincin taştığı bir kristal gibi berrak ve güzel Yeni Yeruşalim, bu şekilde hazırlanmıştır.

Sevgi olan Tanrı herkesin sadece kurtulmasını değil, ama ayrıca Yeni Yeruşalim'e girebilmeleri için O'nun kutsallığını ve mükemmelliğini yansıtmalarını da ister.

Bu sebeple, sizin için yerler hazırlamak için göklere giden Rab'bin yakında geleceğini idrak etmeniz, tüm ruhu başarmanız ve *"Çabuk gel, Rab İsa Mesih!"* diyebileceğiniz güzel bir gelin olabilmek için kendinizi lekesiz muhafaza etmeniz için Rab'bin adıyla dua ediyorum.

Yazar:
Dr. Jaerock Lee

Dr. Jaerock Lee, 1943 yılında Kore Cumhuriyeti'nin Jeonnam eyaletine bağlı Muan'da doğdu. Yirmili yaşlarında yedi yıl süren ve tedavisi mümkün olmayan birçok hastalıktan çekti ve iyileşme umudu olmadan ölümü bekledi. Fakat 1947 yılının bir bahar gününde, kız kardeşi tarafından bir kiliseye götürüldü ve orada dizlerinin üzerine dua etmek için çöktüğü anda, Yaşayan Tanrı, O'nu tüm hastalıklarından bir anda iyileştirdi.

Dr. Lee, bu olağanüstü tecrübenin akabinde karşılaştığı Yaşayan Tanrı'yı o andan itibaren tüm kalbi ve samimiyetiyle sevdi ve 1978 yılında Tanrı'ya hizmet için göreve çağrıldı. Tanrı'nın isteğini tüm berraklığıyla anlayabilmek, bütünüyle yerine getirmek için kendini adayarak dua etti ve Tanrı'nın Sözüne itaat etti. 1982 senesinde Seul, Kore'de Manmin kilisesini kurdu ve bu kilisede mucizevî şifa, belirti ve harikalar gibi Tanrı'nın sayısız işleri meydana gelmektedir.

Dr. Lee, 1986 yılında Kore İsa'nın Sungkyul kilisesinin senelik toplantısında papazlığa atandı ve 1990 yılında vaazları Avustralya, Rusya ve Filipinlerde yayınlanmaya başladı; Uzakdoğu Radyo Yayın Şirketi, Asya Radyo İstasyonu ve Washington Hrıstiyan Radyo Sistem yayıncılık şirketleri vesilesiyle kısa zamanda pek çok ülkeye daha ulaşıldı.

1993 yılında Manmin Kilisesi Hrıstiyan Dünya dergisi (ABD) tarafından "Dünyanın önde gelen 50 Kilisesi"nden biri seçildi ve Dr. Lee, Florida, ABD'de bulunan Christian Faith Üniversitesi İlahiyat Fakültesinden fahri doktora derecesini aldı. 1996 yılında ise Iowa, ABD Kingsway Theological Seminary'de papazlık üzerine doktorasını yaptı.

1993 yılından beri Dr. Lee, Tanzanya, Arjantin, Los Angeles, Baltimore City, Hawaii ve ABD New York, Uganda, Japonya, Pakistan, Kenya, Filipinler, Honduras, Hindistan, Rusya, Almanya, Peru, Kongo Demokratik Cumhuriyeti, İsrail ve Estonya olmak üzere pek çok yurtdışı misyonerlik faaliyetiyle dünyaya İncil'in müjdesini duyurmaktadır.

2002 yılında, çeşitli yurtdışı misyon faaliyetlerindeki güçlü vaizliği için, Kore'nin önde gelen Hrıstiyan gazeteleri tarafından "Dünya Çapında Dirilişçi" kabul edilmiştir. Özellikle öne çıkan, dünyanın en ünlü arenası olan Madison Square Garden'da 2006 yılında gerçekleştirilen New York Seferi'dir; etkinlik 220 ülkede yayınlanmıştır. 2009 yılında Kudüs Uluslararası Kongre Merkezi'nde gerçekleştirilen "Birleşmiş İsrail Seferi'nde", cesurca İsa'nın Mesih ve Kurtarıcı olduğunu ilan etmiştir. GCN TV dâhil olmak üzere, uydular aracılığıyla vaazları 176 ülkede yayınlanmaktadır. Popüler Rus Hristiyan dergisi In Victory tarafından 2009 ve 2010 yıllarının en önde gelen 10 etkin Hristiyan önderlerinden biri, Christian Telegraph haber ajansı tarafından ise güçlü TV yayıncılığıyla vaaz ve yurtdışı kilise faaliyetleri için etkin bir önder seçilmiştir.

Mayıs 2016 tarihi itibarıyla Manmin Merkez Kilisesi'nin 120,000'den fazla cemaat üyesi bulunmaktadır. 56 yerel kilisesi dâhil olmak üzere dünya çapında 10,000 şube kilisesi bulunmaktadır ve Amerika Birleşik Devletleri, Rusya, Almanya, Kanada, Japonya, Çin, Fransa, Hindistan, Kenya ve daha fazlası olmak üzere 23 ülkeye 102'dan fazla rahip atamıştır.

En çok satanlar listesinde *Ölümden Önce Sonsuz Yaşamı Tatma, Hayatım ve İmanım I&II, Çarmıhın Mesajı, İmanın Ölçüsü, Göksel Egemenlik I&II, Cehennem, Uyan İsrail, Tanrı'nın Gücü* olmak üzere, bu kitabın yayınlanış tarihi itibarıyla 104 kitap yazmış ve kitapları 76'den fazla dile çevrilmiştir.

Dini makaleleri *The Hankook Ilbo, The JoongAng Daily, The Chosun Ilbo, The Dong-A Ilbo, The Seoul Shinmun, The Hankyoreh Shinmun, The Kyunghyang Shinmun, The Korea Economic Daily, The Korea Herald, The Shisa News,* ve *The Christian Press* dergi ve gazetelerinde yayınlanmaktadır.

Dr. Lee şu anda birçok misyonerlik kuruluşu ve derneğinin önderidir. Bunlardan bazıları şunlardır: İsa Mesih'in Birleşmiş Kutsallık Kilisesi Yöneticisi (The United Holiness Church of Jesus Christ); Dünya Hristiyanlığı Diriliş Misyon Kuruluşu (The World Christianity Revival Mission Association) Daimi Başkanı; Global Hristiyan Network (GCN – Global Christian Network) Kurucusu ve Yönetim Kurulu Başkanı; Dünya Hristiyan Doktorları (WCDN – The World Christan Doctors Network) Kurucusu ve Yönetim Kurulu Başkanı; Manmin Uluslararası Seminer (MIS- Manmin International Seminary) Kurucusu ve Yönetim Kurulu Başkanı.

Aynı Yazar Tarafından Yazılmış Diğer Etkili Kitaplar

Göksel Egemenlik II

Uçsuz bucaksız göklerin ortasında, görkemle parlayan değerli taşlara andıran ve on iki kapısı incilerden meydana gelmiş Kutsal Şehir Yeruşalim'e sizi davet eder.

Çarmıhın Mesajı

Ruhani uykuda olan tüm insanların uyanmasını sağlayan güçlü bir mesaj! Bu kitapta İsa'nın niçin tek Kurtarıcı olduğunu ve Tanrı'nın gerçek sevgisini keşfedeceksiniz.

Cehennem

Tek bir canın bile cehennemin derinliklerine düşmesini arzu etmeyen Tanrı'dan tüm insanlığa içten bir mesaj! Aşağı ölüler diyarı ve cehennemin daha önce hiç açıklanmamış acımasız gerçeğini keşfedeceksiniz.

Ruh, Can ve Beden I & II

Ruh, can ve beden hakkında ruhani kavrayışa sahip olmamızı ve nasıl bir özden yaratıldığımızı keşfetmemizi sağlayan bu rehber kitap sayesinde karanlığı yenilgiye uğratmak ve ruhun insanına dönüşmek için güce sahip olabiliriz.

İmanın Ölçüsü

Sizin için gökler nasıl bir yer, ne tip bir taç ve ödül hazırlandı? Bu kitap sizlere imanınızı ölçebilmeniz ve en iyi ve en olgun imana sahip olabilmeniz için bilgi ve rehberlik sağlar.

Uyan İsrail

Niçin dünyanın başından günümüze kadar Tanrı gözlerini srail'den ayırmamıştır? Tanrı bu son günlerde İsrail için nasıl bir takdiri ilahi hazırlamıştır? Bu kitap, Mesih ile İsrail arasında ki ilişkiye ve Tanrı'nın İsrail için planladıklarına ışık tutar.

Hayatım ve İmanım I & II

Karanlık dalgalar, evlilik sorunları ve derin çaresizliklerle geçen yaşamı, Tanrı'nın sevgisiyle tekrar doğan ve okuyucularına hoş kokulu ruhani aroma yayan Dr. Jaerock Lee'nin otobiyografisi.

Tanrı'nın Gücü

Bir kişinin gerçek imana sahip olması ve Tanrı'nın olağanüstü gücünü deneyim etmesinde temel kılavuz görevi gören ve mutlaka okunması gereken bir kitap.

www.urimbooks.com

www.ingramcontent.com/pod-product-compliance
Lightning Source LLC
LaVergne TN
LVHW041702060526
838201LV00043B/533